平凡社新書
907

教皇フランシスコ

南の世界から

乗 浩子
YOTSUNOYA HIROKO

HEIBONSHA

教皇フランシスコ●目次

はじめに……9

序章　宗教の復権……11
1　近代化と宗教――ウェーバーの逆説……12
2　教会と民主化――ハンチントンとカサノヴァの説……17
3　カトリシズムと現代……22

第一章　カトリック大陸、ラテンアメリカ……29
1　ラテンアメリカ初の教皇の誕生……30
2　カトリシズムによる征服と植民……32
3　独立と教会……43
4　現代の国家と教会……49

第二章　教皇フランシスコへの道……59
1　イタリア移民の息子ホルヘ・マリオ・ベルゴリオ……60

2 イエズス会士時代――入会から管区長へ……75
3 「汚い戦争」の拡大と教会……91
4 スラムに通う大司教……101
5 二〇一三年教皇選挙……113

第三章 バチカンの動向……121
1 ローマ教皇庁とバチカン市国……122
2 近代化への抵抗……124
3 ヨハネ二三世とカトリック世界の現代化……132
4 パウロ六世の南北問題への関心……137
5 冷戦終焉の立役者、ヨハネ・パウロ二世……140
6 「正統主義の番人」ベネディクト一六世……144

第四章 アフリカとアジアでふえるキリスト教徒……149
1 信徒の趨勢……150
2 アフリカ――独立教会の展開……153

3　アジア――多様な宗教世界……162

第五章　民主化を促した教会――冷戦体制崩壊へ……177
1　ラテンアメリカの解放の神学……178
2　軍政の人権侵害と戦った南米の教会……184
3　中米の内戦と教会……193
4　南欧・アジア・アフリカ・東欧の民主化と教会……199

第六章　プロテスタントの拡大とカトリックの対応……217
1　福音派とペンテコステ派の隆盛……218
2　カトリック・カリスマ派の台頭……221
3　宗教的多元化のゆくえ……224

第七章　教皇フランシスコの課題と実績……229
1　バチカン改革……230
2　モラルをめぐって……240

3　エキュメニズム――宗派間・宗教間対話……247
4　キューバと中国――共産主義国との関係……255

終章　回勅『ラウダート・シ――ともに暮らす家を大切に』――環境・人権・平和……265

あとがき……275
参考文献……277
索引……287

教皇フランシスコ

はじめに

二〇一三年三月、バチカンでアルゼンチン出身の教皇フランシスコが誕生して早くも六年が経つ。ヨーロッパ以外から教皇が選ばれたのはおよそ一三〇〇年ぶりである。長らくキリスト教世界を支えてきたヨーロッパでは近年信者が減少し、南の世界での増加が著しい。

いわゆる近代化論は、近代化の進展にともなって宗教は死に至ると予言してきた。しかし実際には信者は増えつづけている。また冷戦体制が揺らぎ始めた一九七〇年代以降イスラム・パワーが台頭し、一方で一九六〇年代のバチカンの民主化路線を反映して、南欧、ラテンアメリカ、アジア、東欧のカトリック勢力は民主化に大きな役割を果たした。なかでも東欧のカトリック国ポーランドへの当時の教皇の働きかけが一党支配体制からの脱却を促し、冷戦体制崩壊につながったことは記憶に新しい。

冷戦後、世界各地で起きている「文明の衝突」的な宗教がらみの紛争や衝突に平和的に取り組むためにも、宗教指導者の役割はかつてより大きくなっている。

宗派間・宗教間に壁ではなく橋をかけ、南や東の国々を訪れて人々と接し、地球環境を憂い、貧しい人々の人権を守って平和の問題に取り組む教皇の思想と行動を追い、私たちへの問いかけに応えていきたい。

序章　宗教の復権

マックス・ウェーバー（12-13頁参照）

1　近代化と宗教——ウェーバーの逆説

近代化とウェーバー

いわゆる近代化論によれば、前近代社会や封建社会から近代社会への進展にともなって、脱魔術化・工業化・都市化・世俗化が進み、やがて宗教は死を宣告されるものと考えられた。同様に発展途上地域においても、次第に宗教の役割が減少すると期待された。

ところが逆説的だが、宗教が近代化をもたらすという理論もある。ドイツの社会学者マックス・ウェーバーによると、合理的な近代社会は宗教によって成立した。その著書『プロテスタンティズムの倫理と資本主義の精神』（一九〇四—〇五年）は、資本主義のエトス（精神）を職業人の倫理に求め、それが禁欲的プロテスタンティズムに由来することを明らかにした。ウェーバーは「代表的アメリカ人」といわれるベンジャミン・フランクリンのなかに近代的人間類型の古典的モデルを見出し、資本主義の精神の体現者とする。

プロテスタンティズムが民主的諸制度の出現を促す経済事業を育て、ブルジョアジーを発展させ、経済的富の蓄積と資本主義の展開を促した、宗教が資本主義を成立させたというのだ。近代化とは資本主義化であり、ウェーバーがアメリカ合衆国（以下、米国）をモデルにしたとすれば、その論理に合点がいく。

信徒が直接聖書を読むよりも聖職者が聖書の内容を信徒に伝えてきたカトリックの教会とはちがい、「万人が司祭」とするプロテスタント教会では皆が聖書を手にとって読んだ。当然プロテスタントの識字率が高まり、経済発展につながった、ともいえよう。

他方これも逆説的だが、二〇世紀後半以降宗教は政治の公的舞台に再び登場し、歴史を変える勢力に変貌しつつある。冷戦体制が揺らぎはじめた一九七〇年代末以降、イスラム勢力の台頭、イベリア・東欧・中南米・アジアの民主化に果たした宗教勢力の役割、アフリカ諸国や中東でみられる宗教紛争の激化など、冷戦時代のイデオロギーに代わる政治・社会アクターとしての宗教の存在と役割が見直されはじめている。

一九七九年の例

宗教の復権を印象づけた一九七九年を例にとってみよう。同年二月、イランのイスラム教シーア派の最高指導者アヤトラ・ホメイニ師が亡命先のパリから帰国、米国と石油の富を背景に近代化―脱イスラム化を進めてきたパーレヴィ朝は崩壊する。ついで国民投票によってイスラム共和国が宣言される。前年初頭、シーア派の聖地コムを起点とする反政府暴動が全国に拡大した結果だった。黒いターバンを巻いた指導者によるイラン・イスラム革命は世界を驚かせ、経済的自立と近代性のイスラム化をめざすイスラム復興運動の先駆となった。

この年、前年末にローマ教皇の座についたヨハネ・パウロ二世は、法的には世俗国家のメキシコとポーランドを訪問して、人々の熱狂的な歓迎を受けた。

西半球におけるローマ教皇庁（バチカン）の拠点であったメキシコでは、そのあまりに強大な教権ゆえに、一九世紀半ばの改革期（レフォルマ）と一九一〇年に始まる革命を経て反教権主義が徹底し、バチカンとの外交関係も断たれていた。そのメキシコを教皇が訪れたのは、ラテンアメリカ司教協議会（CELAM）第三回総会への出席が目的だった。七月、中米のニカラグアではソモサ独裁政権を打倒して、社会主義的なサンディニスタ政権が成立した。土地改革や識字運動を進めるこの政権には解放の神学派の聖職者が数人入閣し、バチカンと米国のレーガン政権の危機感をあおることになる。

七九年六月、教皇は祖国ポーランドを凱旋訪問した。バチカンの東方外交の活性化である。教皇の訪問は自主管理労組「連帯」の結成につな

2050年（予測）	
信徒数（1,000人）	%
3,051,564	34.3
1,564,603	17.6
574,419	6.4
266,806	3.0
2,229,282	25.0
1,175,298	13.2
887,995	10.0
424,607	4.8
169,150	1.9
16,694	0.2
…	…
8,909,095	100.0

第１表　世界主要宗教人口

	1900年		1970年		2000年	
	信徒数（1,000人）	%	信徒数（1,000人）	%	信徒数（1,000人）	%
キリスト教徒	558,132	34.5	1,236,374	33.5	1,999,564	33.0
ローマ・カトリック	266,548	16.5	666,609	18.0	1,057,328	17.5
プロテスタント	103,024	6.4	210,759	5.7	342,002	5.6
東方正教会	115,844	7.2	139,661	3.8	215,129	3.6
イスラム教徒	199,941	12.3	553,528	15.0	1,188,243	19.6
ヒンドゥー教徒	203,003	12.5	462,598	12.5	811,336	13.4
無宗教者	3,024	0.2	532,096	14.4	768,159	12.7
仏教徒	127,077	7.8	233,424	6.3	359,982	5.9
無神論者	226	0.0	165,400	4.5	150,090	2.5
ユダヤ教徒	12,292	0.8	14,763	0.4	14,434	0.2
その他	…	…	…	…	…	…
世界総人口	1,619,626	100.0	3,696,148	100.0	6,055,049	100.0

出典：David B. Barrett et al, *World Christian Encyclopedia: A Comparative Survey of Churches and Religions in the Modern World*, vol.1, Oxford University Press, 2001, p. 4.

がり、やがて選挙によって脱社会主義政権の樹立に成功する。ポーランドを起点とする「東欧革命」は東欧諸国を席巻してソ連に及び、冷戦体制の「終わりの始まり」となった。

ふえる信徒

実際に宗教が死んでいない事情を、統計からおさえておこう。この一世紀半のグローバルな宗教動向を扱った統計をみると（第1表参照）、一九〇〇年に世界総人口の三四・五％を占めたキリスト教徒は、一九七〇年に三三・五％、二〇五〇年に三四・三％（予測）と、実数は人口増加にともなって増加しているが、その割合にほとんど変化はない。

伸長著しいのはイスラム教徒（ムスリム）で、一九〇〇年に一二・三％、一九七〇年に一五％であった信者数は著増して二〇五〇年には二五％、世界総人口の四分の一を占めると予想されている。イスラム教徒の主な居住地域がアジア（西アジア、東南アジア、南アジア）やアフリカなど、人口増加率が大きい地域であることにもよる。

逆に人口比で減少傾向にあるのがユダヤ教徒である。一九〇〇年に世界人口の〇・八％を占めたものの、ホロコーストなどを経て一九七〇年に〇・四％に減少し、九五年以降〇・二％に落ちている。イスラエル政府がパレスチナに暴力的に領土を拡大している背景には、ユダヤ教徒を増強する意図があるとみられる。ヒンドゥー教徒は僅かずつ伸び（一二％から一三％へ）、多くの日本人の宗教といわれる仏教は信者を減少させている（八％から四％台へ）。

近代化の進展とともにふえるはずの無宗教者（特定の宗教の信者でない人）は、一九〇〇年の〇・二％から冷戦期の七〇年に一四・四％に増加したものの、以後は減り続けて、二〇五〇年には一〇％、人口の一割に減ると予測されている。また無神論者も〇％（二三万人）から一九七〇年に四・五％にふえたものの、冷戦終結以降、約二％に低下し、無宗教者と同様の傾向にある。

宗教関係の統計は一般に教団への所属数をもとにしており、内面に関わるものを数値化しているわけだが、おおよその傾向を知ることができる。世界的にみると、近代化が進んでも宗教は衰えない、むしろ信者は増えているといえそうだ。

2　教会と民主化――ハンチントンとカサノヴァの説

民主化の第三の波――ハンチントンと二〇世紀後半の民主化

一九七四年にイベリア半島のポルトガルで始まった民主化の動きは翌年スペインに移り、ついでラテンアメリカ諸国に波及した。さらに韓国、フィリピンなどアジアに移動した民主化の波はアフリカ（南アフリカ）に及び、一九八〇年代にポーランドを経由して東ヨーロッパ諸国を席巻し、旧ソ連邦に達することになる。独裁、軍事政権、一党支配体制などの数多くの権威主義体制が民主主義体制に移行した。

二〇世紀後半に起きたこの民主化の潮流を、米国の政治学者サミュエル・ハンチントンは近代世界に起きた民主化の「第三の波」と呼ぶ（S・P・ハンチントン『第三の波――二

○世紀後半の民主化』（一九九一年、邦訳九五年）。一八―一九世紀初頭のアメリカ独立革命、フランス革命を民主化の「第一の波」の起点とすると、「第二の波」は第二次世界大戦（反ファシズム戦争）の開始時期に始まる。これらの潮流は直線的に民主化を促進するのではなく、揺れ戻しの時代を経験しつつ、民主化の動きを強めてきた。

「第三の波」を経験した国々にみられる特徴は、国民の多数をカトリック教徒が占めるいわゆるカトリック国が多いことだ。プロテスタント系の国は一九七〇年代以前までにはほとんどが民主主義国になっていたからである。これまで歴史的にいち早く近代化や民主化を促進したプロテスタンティズムにくらべて、カトリシズムは近代化・民主化を阻止し遅らせるものとみなされてきた。信徒の自主性を重んじ、信徒と神との直接的関係を尊重するプロテスタンティズムに対して、カトリック教会は個人の良心よりも聖職者の仲介的役割を重視する。

またプロテスタント教会が信徒団の優位のもとに民主的に組織される一方で、無誤謬性を託された教皇を頂点とするカトリック教会の組織は権威主義的な階層構造が特徴である。さらにウェーバーが示唆したように、プロテスタンティズムの宗教倫理がブルジョアジーを育て、資本主義を発展させたのに比して、カトリックの修道士倫理は経済発展を導くものではなかった。

しかし貧しい国が多かったカトリック圏でも二〇世紀半ばを過ぎると、経済発展と教育水準の向上にともなって、権威主義体制に批判的な人々がふえはじめた。これと並行してカトリック教会が自ら変化しはじめたことが大きい。従来カトリック教会は大土地所有者や軍部など権力者と結びつき、権力を維持してきた。しかしこうした教会の姿勢にあきたらず、教会を離れる知識人や労働者がふえはじめる。カトリック世界に起きたこうした現象を危機感を持って受けとめたバチカンは、現状改革勢力へ脱皮しはじめる。

冷戦ただ中の一九五八年に教皇に就任したヨハネ二三世は、これまでの共産主義対決姿勢と教皇至上主義を改め、教会の改革と現代世界への適応を試みた。自らが召集した第二バチカン公会議（一九六二―六五年）が、カトリック世界の民主化を促すことになる。ウェーバー・テーゼが近代化論への第一の逆説だとすれば、二〇世紀後半のカトリックによる民主化運動は、近代化論への第二の逆説といえるかもしれない。

民主化を促した外部アクターとしては、バチカンのほかに欧州共同体（EC、現在のEU）、米国の人権外交、ゴルバチョフ期のソ連外交などが考えられる。ECは加盟条件として民主化を南欧・東欧諸国に要求し、民主化をとげたスペインとポルトガルは一九八六年に、ポーランドは二〇〇四年に加盟を果たした。カーター政権（一九七七―八一年）の人権外交では、人権侵害がひどかった南米の軍事政権や中米の独裁政権に対する経済制裁が民主化圧力となる。改革と民主化をスローガンに書記長に就任したゴルバチョフ（一九八五－九一年）は、ブレジネフ・ドクトリン（制限主権論）を撤回し、東欧における政治改革と経済自由化を支持する。結果として東欧諸国の脱社会主義化はソ連に及んだ。

なおハンチントンはのちの著作『文明の衝突』（一九九六年、邦訳九八年）で、「イスラム・儒教文明対キリスト教文明」――非西欧対西欧――の対立の構図を描き、論争を呼んだ。

私的宗教から公共宗教へ――カサノヴァの公共宗教論

ハンチントンの著書に三年遅れて、スペイン出身の宗教社会学者ホセ・カサノヴァは著書『近代世界の公共宗教』（一九九四年、邦訳九七年）で、近代化論への第三の逆説を展開する。近代世界では世俗化の進行にともなって宗教は分化、私事化し、衰退するとの予測に反し、一九八〇年代以降現代的価値を持つ宗教は「公的領域」に入り、「公共性」を獲得したという。

宗教の分化とは、世俗化が進むとそれまで宗教的領域にあった国家・経済・科学が機能的に分化・自律化する現象であり、宗教の私事化とは、世俗化のプロセスにより個人の信仰が個人の選択に任されて、宗教が私的な領域に限定されるということだ。その結果近代化の進行にともなって宗教は衰退し、やがて消滅するとみなされてきた。

カサノヴァがとくに注目するのは宗教の脱私事化である。近代世界に起きている宗教的社会運動のなかには、国家や市場経済の法秩序と自律性に異議を唱えたり、私的道徳と公共道徳の間の関係に疑念を表すものがふえているという。国家志向から社会志向に転じた宗教組織が、民主化運動や人権擁護の役割を果たすことができる。公共宗教とは、民主主義や自由で平等な市民と政治の存在を擁護するものであり、近代化論や世俗化論によってあてがわれてきた周縁的で私的な役割を拒否しつづけている。

カサノヴァが現代の公共宗教の例としてとりあげるのは、スペイン、ポーランド、ブラジルおよび米国のカトリシズムと米国の福音主義プロテスタントの五例にみられる宗教変容であり、それぞれ一章ずつ詳しく分析されている。

具体的には、独裁主義的国家宗教から多元的教会に変容したスペイン、外国の支配に対し国を守る教会から市民社会の出現を促す国民教会に変わったポーランドの場合、寡頭主義的教会から「民の教会」への道をたどったブラジル、米国の原理主義的プロテスタント教会の変容（とくに新キリスト教右翼へ転身する福音派——ただし福音派については、反動的公共宗教とみなす必要があろう）、さいごに米国カトリック教会が防御的姿勢から公的主張を行う移行の実態を内容とする。

カサノヴァが分析の対象とするのは主に欧米とラテンアメリカのカトリックである。本書ではアフリカとアジアのキリスト教について第四章でふれ、民主化を促した教会の役割については第五章で検討したい。

3 カトリシズムと現代

普遍主義

カトリックとはギリシャ語の Katholikos に由来し、「普遍的」「包括的」を意味する。アウグスティヌスやトマス・アクィナスなどの神学者によって、イエス・キリストが設立した教会を異端的・分派的教会と区別して、カトリック教会と呼ぶ習慣が広まった。しかし厳密なカトリシズムの概念が定着するのは、一六世紀にプロテスタントの挑戦を受けたカトリック教会が、自らのアイデンティティ確立の必要に迫られてからである。プロテスタントが聖書のみに絶対的権威を認めたのに対し、カトリックは教会の伝統と権威を重視し、教皇を頂点とする司教団の集団的指導を尊重する。

カトリックの普遍性は第一に、全人類は可能性としてカトリック教徒たりうるという意味であり、人種・民族の区別なく積極的に布教活動の対象とされた。ここからカトリック教会は独善的だとする批判が生まれる。中南米に到着したカトリック教会は、普遍性の原則のもとに先住民や黒人の区別なく布教したことで、異人種間の混血が進み、混血大陸ができ上がった。選民意識の強いピューリタンが移住した北米で、異人種間の混血が進まなかったのとは対照的である。

普遍性は第二に、本来宗教の対象である人間の内面あるいはこの世を超えた存在だけでなく、人間がかかわる政治・経済・社会のあらゆる面に関与することに使命感を持つことを意味している。プロテスタントが内面的に罪の問題を捉えて、政治・社会と直接かかわることを避ける傾向があったのに対し、カトリック教会は歴史的にアクティブに対応しがちだった。それがカトリック教会が政教分離に遅れをとった理由でもある。

プロテスタントが台頭したのちの約四世紀間、カトリック教会は反近代の姿勢を維持した。しかし産業革命の進展にともなってクローズアップされた労働者の悲惨な状況を、教皇たちは深刻に受けとめた。資本主義については、その構造自体が悪いわけではないが、その飽くことなき利潤追求が労働者の貧困という社会悪を生んだというのが、カトリシズムの見解である。しかしこの状況を矯《た》め直すのに社会主義に頼るべきではないとする。私有財産制に反対し、階級対立をあおる社会主義が労働者の支持を得ていることに、危機感を覚えたからである。

カトリシズムが私有財産制を擁護する根拠は、人間の所有権はその理性的本性に由来するというトマス・アクィナスの説に基づく。つまり人間は動物とちがって未来を予見して自分の生活を営むので、神が与えた財を私的に所有する必要がある。土地を耕す人は、いわばそのペルソナ（人格）を耕地に印《しる》すのだから、これを私有するのは自然法上の権利だというわけである。しかし私有財産権は公共の福祉を犠牲にしてまで主張されるべきではない。また労働者は自らの利益を守るために労働組合を組織し、国家も労働者の利益を守る義務があるとされる。

共通善とは何か

カトリシズムが地上の世界で最も重視するのが共通善（common good）である。プラトン、アウグスティヌスなどの哲人や神学者、ジャック・マリタンのような思想家たち、さらに諸教皇が回勅*のかたちで明らかにしてきた社会秩序の基本理念である。人間共同体を構成する諸人格が共有すべき政治社会全体の目的（善）であり、さまざまな人間的価値の最大限の実現を内容とする。共通善に到達しそれを発展させるために、すべての人は自分の能力に応じて協力するよう求められる。

共通善のために求められているのは、人間の基本的権利とその促進に結びついている。それは国民に対するサービス（食糧、住宅、教育、文化、医療など）に加えて平和、環境を守るため、国家が世界的な協力関係を築く責任も問われている。国家が目的とすべき公共の福祉には、共通善の実現のためのさまざまな組織や制度を補助することが含まれている。カトリシズムは世俗権力、なかでも国家に対して警戒的だが、拡大する経済格差を是正して共通善―社会正義の規範に合致させ、公共の繁栄をはかる役割を国家に期待する。国家の存在理由は共通善の実現にあるからに他ならない。さらに地上における共通善は、地上の歴史的次元を超えることが期待されている。

＊　回勅とは、カトリック教会全体に関わる事柄について、司教を通じて信徒全体に伝える文書。

共同体主義

資本主義も社会主義もともに人間の尊厳を犯すものとみなすカトリック社会思想が理想とするのが、第三の道としての共同体主義（communitarianism）である。共同体社会では労使は協調し、混合経済のもとで、労働者の経営参加や工場管理による福祉国家の実現が目的となる。個人の意思をこえた普遍意思を前提とし、共通善を実現するために協調するこの経済的ヒューマニズムは、カトリック・コーポラティズムの思想に近い。コーポラティズムは有機体的社会観（社会を人間のような有機体 corpus とみる）に基づき、社会の構成員が協調的（非競争的）に機能することが求められる。

共同体社会のなかで重要なのが個人と国家の間に存在する中間組織（団体）である。家族、地方組織、職能団体などから成るが、なかでも同じ職種の労働者と経営者代表から成る職能団体（コーポラティィボ）は、階級協調を期待される組織である。イタリアのファシズム期や軍政期ラテンアメリカのコーポラティィズムの場合、国家に従属的な組織だった。しかしドイツや北欧の職能団体は国家から自立的である。

なかでもドイツの場合、一八四八年の三月革命の際に「企業の共同決定」（労働者の経営参加）の要求があり、その一世紀後の一九四九年、西独のドイツ・カトリック大会において「共同決定は自然権である」との宣言が行われた。その後西欧全域に引き起こされた論争のなかで、しばしば引用されたのが教皇ピオ一一世の回勅『クアドラゼジモ・アンノ』（一九三一年）の次の一節だった。「労働契約を……社会契約的要素によって緩和するのが望ましい。……労働者と被雇用者は何らかの形で共同所有者になって経営に参加し、利潤の配分にあずかるべきだ」。

この結果西ドイツでは一九六七年に「大企業における共同決定」法が制定された。西欧諸国では公的領域への社会的諸勢力の進出が進み、労働者が国家の長期計画や政府予算・

賃金などの決定に影響を与えてきた。企業におけるミクロのレベルだけでなく、マクロの経済民主主義が進行したといえる。

労働者の参加は体制を超え、社会主義圏でもユーゴスラビア、チェコスロバキアなどで自主管理の実験が試みられた。先述のようにポーランドでは、自主管理労組連帯が経営参加を超えて、体制変革の先導役をつとめることになる。

いわゆる近代化論に反して、宗教が近代化をもたらし、民主化を進める勢力にも変貌する状況をみてきた。第一章では、新教皇を生んだラテンアメリカの場合を歴史的に検討する。

第一章　カトリック大陸、ラテンアメリカ

グアダルーペの聖母（36頁参照）

1 ラテンアメリカ初の教皇の誕生

新教皇とラテンアメリカ

二〇一三年三月一三日、第二六六代ローマ教皇*にアルゼンチンのブエノスアイレス枢機卿ホルヘ・マリオ・ベルゴリオが選出された。フランシスコを名乗った最初の教皇である新教皇は、初めてのラテンアメリカ出身で、ヨーロッパ以外から選ばれたのは、シリア出身の第九〇代グレゴリオ三世（在位七三一―七四一年）以来なんと一二八二年ぶり、しかも初めてのイエズス会士**である。

新教皇を生んだラテンアメリカは世界のカトリック人口の半数近く（二〇一六年に約五億人）を擁するカトリック大陸であり、二一世紀になって初めて教皇を世界に送り出すとは遅すぎた感をぬぐえない。総人口の九割近くがカトリック信者だが、近年プロテスタントや無関心層がふえ、真の信者は一割程度にすぎないともいわれる。かつて有能な中間層の青年を惹きつけたのは教会と軍隊であったが、世俗化の風潮や独身制などのきびしい戒律が聖職の魅力を半減させた。聖職者不足は深刻で、これを補うために受け入れた外国人聖職者の数も多い。ラテンアメリカ出身の教皇を選んだ背景には、現状へのバチカンの危機感があったといえよう。

しかしエスタブリッシュメントの象徴としてのカトリック教会は、世俗社会のトップから底辺におよぶあらゆる層と接しているので、その政治・社会的影響には侮《あなど》りがたいものがあるが、教育面や選挙などに与える影響力は次第に衰えている。

この地域全体でみると、メキシコ、中米、アンデス地域など先住民人口が稠密な地域では多様な先住民宗教が盛んで、黒人奴隷制の拠点であったカリブ海地域やブラジル北東部ではアフリカ系の宗教（ブードゥー教、カンドンブレなど）が根づいている。いずれもカトリシズムとの融合（シンクレティズム）がみられ、この地域のカトリック教会をユニークなものにしている。

＊　日本では一般に「ローマ法王」と称されるが、法王とは本来、釈迦（仏陀）の尊称である。日本とバチカンが外交関係を結んだ一九四二年当時の定訳が「法王」だったからで、「イエス・キリストの代理者」「使徒ペテロの後継者」を意味するPopeを、日本カトリック司教協議会では八一年以降「教皇」と表記している。

＊＊　ラテンアメリカは植民地時代にはインディアスあるいはアメリカスと呼ばれ、独立後もともとスペイン領はイスパノアメリカと称された。「ラテンアメリカ」という呼称は、アングロアメリカ（カナダと米国）に対する、メキシコ以南の大陸部とカリブ海地域の総称である。しかし一九六〇年

代以降、カリブ海地域のもとイギリス領、オランダ領などの非ラテン植民地が独立したため、たとえば国連では「ラテンアメリカとカリブ」という名称を用いている（国連ラテンアメリカ・カリブ経済委員会＝ECLAC）。この地域は日本では中南米の名称で通っているが、一九九二年に発足した北米自由貿易協定（NAFTA）には、カナダ、米国に加えてメキシコも加盟しており、メキシコが北米の一部であることにも留意する必要がある。

2　カトリシズムによる征服と植民

征服期

近代ヨーロッパのグローバルな膨張は、非ヨーロッパ世界のヨーロッパ化＝キリスト教化の端緒となった。コロンブスが新大陸に到着した一四九二年に、スペインはイスラム教徒の支配から国土の再征服（レコンキスタ）を終え、ユダヤ人の追放も完了する。八世紀以前からイベリア半島はイスラム王朝の支配のもとに、ユダヤ教徒、イスラム教徒、キリスト教徒が共存する一神教の世界であった。しかしキリスト教を統合の理念に掲げたスペインとポルトガルは次第に宗教的寛容を失い、海のかなたの新大陸に征服と布教の世界を拡大する。

レコンキスタの延長として行われたラテンアメリカのカトリック化という精神的征服事業は、ヨーロッパにおけるプロテスタントの進展に対抗しつつ軍事的征服と並行して行われ、この地に世界最大の対抗宗教改革の牙城を築いた。

一四九三年、スペイン出身の教皇アレクサンデル六世は教書で、新世界の発見地に対する領有権と独占的布教権をカトリック両王（イサベルとフェルナンド）に認めた。新たな土地の領有に布教が義務づけられたのである。ついでポルトガルとスペインが世界を分割する境界を画定したトルデシーリャス条約が、同教皇の教書により翌九四年に締結された。スペインは主に新大陸に、ポルトガルはアジア、アフリカに進出することになる。この条約線を東半球に延長すると、広島あたりを通ったらしい。もっともこの境界線はポルトガル領ブラジルに著しく不利だったので、ポルトガル人は実力で国境を拡張していく。

征服と植民はカリブ海の島々（現在のドミニカ共和国、キューバなど）から始まり、メキシコ（ヌエバ・エスパーニャ）、南米（ペルーなど）に及んだ。スペイン人征服者（コンキスタドーレス）によって殺戮され、金の採取などの労働に駆り立てられた先住民インディオの人口は、旧世界からもたらされた疫病もあって激減したので、のちに西アフリカから黒人が奴隷として導入される。一五〇三年から実施されたエンコミエンダ制は、先住民の教化を条件に植民者に土地と住民を委託する制度であった。しかし実際には奴隷労働による大土地所有制と化した。

キューバ征服の従軍司祭で自らも富裕なエンコミエンダの所有者であったラス・カサスは、先住民の惨状と不正義に目覚めた（一五二四年にドミニコ会士に）。彼は征服者たちの非道と平和的改宗の必要を国王に訴え（『インディアスの破壊についての簡潔な報告』一五五二年）、エンコミエンダ制の段階的廃止を求めて「インディアス法」の制定（一五四二年）に貢献する。

さらにラス・カサスは、アリストテレスの説を根拠に征服戦争を正当化するセプルベダと、スペインのバリャドリドで大論争を行ったことでも知られる（一五五〇年）。先住民が理性を欠く野蛮人＝自然奴隷であり、武力を用いて服従させねばならないと論じるセプルベダに対し、ラス・カサスは先住民を擁護し、古代ギリシャ・ローマ文明にも比較しうる高度な文明（マヤ文明、アステカ文明など）を生んだ高い能力を持つとした。このインディアス論争でラス・カサスが主張したかったのは、「世界のすべての民族は人間である」という事実である。

布教が開始された植民地時代初期にはラス・カサス同様、人道主義的立場から新世界にユートピアの実現をめざす試みも行われた。オランダの人文主義者エラスムスとその友人でイギリスの人文主義者トマス・モアの思想に共鳴したフランシスコ会士バスコ・デ・キロガ（のちミチョアカン司教）は、メキシコ市郊外などに先住民の救済村を建設した。メキシコ大司教ホアン・デ・スマラガの協力があったといわれる。しかしトリエント公会議（一五四五―六三年）が宗教的自由を謳うエラスムス主義を異端と断じてのち、こうした試みは挫折する。この公会議は反プロテスタント的防衛色の強い性格を持ち、第二次世界大戦後まで四世紀間のバチカンの基本姿勢を規定することになる。

最初の植民法典であるブルゴス法（一五一二年）と教皇パウロ三世の教書（一五三七年）は、先住民の虐待防止とキリスト教化の促進を求め、フランシスコ会、ドミニコ会、アウグスティヌス会、メルセデス会などの伝道修道士が相次いで新大陸に派遣された。カトリシズムの普遍主義は先住民や黒人を布教対象とすることで、独特の文化圏を生みだした。

修道士たちは自ら先住民の言語（メキシコではナワトル語、ペルーではケチュア語やアイマラ語など）を学んで、布教した。布教の方法もさまざまで、千年王国的世界観を持つフランシスコ会は近づく世界の終末までに布教を終わらせようと焦《あせ》り、集団洗礼による改宗を行った。また広大な新大陸で多数の先住民をより能率的に改宗させるために、先住民の村落を一カ所に集める集住あるいは教化村（レドゥクシオンまたはミシオン）計画も行われた。破壊された先住民の神殿のあとにキリスト教の教会が建てられる。

こうした強引な魂の征服事業は先住民の激しい抵抗を生んだ。一六世紀半ばに北メキシコで起きたミシュトン戦争では、先住民の神々の復活と先スペイン時代への回帰が予言された。同じ頃のペルーでみられた反キリスト教運動のタキ・オンコイでは、アンデスの伝統的神々がよみがえる。

一方でカトリシズムの土着化も進んだ。征服後間もないメキシコ市近郊で、改宗したばかりの先住民ファン・ディエゴのもとに聖母マリアが現れ、大司教スマラガが聖堂建設を行うよう託した。間もなくそこに聖堂が建設されたという。この混血の聖母はのちに教皇によってメキシコの守護神、さらにラテンアメリカの守護神とされ、ファン・ディエゴは二〇〇二年に列聖された。この「グアダルーペの聖母」伝説に象徴されるカトリシズムと先住民宗教との融合（フォークカトリシズム）は進行し、カリブ海地域やブラジル北東部ではアフリカ宗教との融合も定着する。しかし先住民やアフリカの神々は消えたわけではなく、カトリックの神と共存しているとみてよい。

植民地時代

三〇〇年に及ぶ植民地時代を通じて、新大陸の教会はスペイン国王の管理と保護のもとに置かれた。国王教会保護権（パトロナート・レアル）と称される歴代の教皇が国王に与えた特権は、高位聖職者の推挙権に加えて教区の境界を決定し、十分の一税の徴収を認めた。また教会に国政への介入を認める特権のもとで、聖職者が政治的に高いポストに任命されることも珍しくなかった。聖職者は裁判を受ける義務を免除され、寺院などの建築費を王室財政に求めた。教会と国家の権限の境界線があいまいだったので、教会と国家の間で権力闘争が起きる一方、両者の癒着も顕著であった。

教会は国家の官僚と協力して植民地の貿易、商業、経済活動を規制した。個人の経済活動は抑制され、国家による経済的独占を維持するために、特定の企業だけに特権が認められた。対抗宗教改革国家に見られるこの前近代的エトスは、ラテンアメリカの後進性を生む要因の一つとなる。

教会は寄進、買収、抵当を通じて広大な土地や莫大な資本などの資産を所有していたが、その土地は法的に売却も分割も許されなかった。メキシコでは植民地時代末期、教会が国の全不動産のほぼ半分を所有しており、メキシコ市の六万人の白人中、八〇〇〇人以上が聖職者だったという。最大の金融機関でもあった教会は不動産や農業開発に莫大な投資を行ったが、教会の資本は課税対象から除かれていた。病院、学校などの経営を行ったのも教会だが、先住民人口の減少によって改宗化計画が縮小するにともない、教会の関心は都市の華麗な聖堂建築に移った。

カトリシズムのもとに思想統一をはかり、植民地を知的閉塞状態に置いたのが異端審問所（宗教裁判所）である。リマ（ペルー、一五七〇年）、メキシコ市（一五七一年）、カルタヘナ（コロンビア、一六一〇年）に設置された審問所では先住民は対象から外された。審問の主な対象はユダヤ教徒とプロテスタントで、次第に富裕なユダヤ系資本家や商人の資産没収が目的となる。植民地時代末期になると啓蒙思想の流入を阻止するため、禁書目録にもとづく書物の輸入管理が任務となった。異端を排除することで、教会は絶対主義的植民地体制の維持に貢献する。

　国王による教会管理《パトロナート・レアル》と同様、ヨーロッパの教会でみられなかったのが、修道会の大きな役割である。数多くの異教徒（先住民）の改宗は修道士に任され、修道会に属さない在俗司祭はスペイン人信徒の司牧を受け持った。しかし先住民人口の減少とともに修道士の役割は在俗司祭に移行し、トリエント公会議以後ヨーロッパ型の司教位階制度が確立される。

　修道会のなかでも、新大陸に到着するのが遅れながら（一五四九年にポルトガル領ブラジル、六八年にペルーへ）、エネルギッシュな活動を展開したのがイエズス会である。教皇への無条件服従を誓うことで対抗宗教改革の旗手となったイエズス会は、一五三四年にスペイン、バスク地方出身のイグナティウス・デ・ロヨラによって創立された。イエズス会の戦略はアジアや新大陸など非キリスト教地域（とくにその辺境地域）への布教と、都市部

における エリート層への中・高等教育の普及だった。

新大陸におけるイエズス会の活動は、社会・経済・知的分野でめざましかった。「利子つき貸借」を合法化するその経済倫理によって、大農場や織物工場の経営、鉱山の開発、金融業に精力的に進出した。またすぐれた学問的修練のために学校や図書館を建て、デカルトやニュートンの理論を植民地に紹介したのも、イエズス会の人文主義的傾向を示している。

布教活動のためにイエズス会が各地に設立した先住民教化集落のなかでも、ラプラタ地方（主にパラグアイ）に一七世紀につくった村は小国に匹敵する規模で、会が追放されるまで一五〇年間続いた。植民者による奴隷狩りから先住民を守り、自給自足、平等な分配を旨とし、マテ茶や手工芸品を生産する家父長的神権組織であった。イギリス映画『ミッション』（一九八六年）は、集住村の生活をドラマティックに描いている。当時イエズス会はヨーロッパにおいても最大の修道会で、他の修道会の羨望の的であり、啓蒙主義者の批判の的でもあった。一七七三年、教皇からの独立を求める王権の高揚と教皇の権威の低下を背景に、教皇クレメンス一四世は教令によりイエズス会を解散させた。会の資産は没収され、会士は国外追放となる。イエズス会の撤退によって植民地の教育レベルは低下したといわれる。

ポルトガル領ブラジル

新大陸のなかで、ブラジルはやや別の歴史をたどった。ブラジルの歴史は、一五〇〇年にインドに向かう遠征隊のペドロ・アルヴァレス・カブラルによる「発見」に遡ることができる。しかしインド洋の香料貿易に集中していたポルトガルが、新キリスト教徒（改宗ユダヤ人）に開発を任せていた新大陸に関心を持ちはじめたのは一五四九年、初代総督トメ・デ・ソーザが入植者と数名のイエズス会士（マヌエル・ダ・ノブレガほか五人）をともなって到着して以降である。

国王ジョアン三世は、教皇から認められていた国王教会保護権（パトロナート・レアル）にもとづいて先住民への布教を義務づけられていた。イエズス会の支持者であった王はサルバドル司教区を創設し、国家と教会の協力のもとに先住民インディオへの布教が始まる。ノブレガが最初に新大陸に到着したイエズス会士であり、この一五四九年にはフランシスコ・デ・ザビエルが初めて日本を訪れ、布教を開始している。

北東部を中心とする砂糖生産地では、大農園（ファゼンダ）は農園主の大邸宅（カザ・グランデ）と奴隷（当初はインディオ、のちに黒人）小屋、さらに専属の司祭のいる礼拝堂から成り立っていた。イエズス会、フランシスコ会、カルメル会などの修道会も農園を経営していたのである。入植者がふえて大農園が増加するにともない、インディオ労働力への需要はふえ、奥地への逃亡もあって、先住民人口は激減した。一五七〇年にインディオ奴隷化禁止令が公布され、ポルトガル領西アフリカから黒人奴隷の輸入が積極化する。王室も教会も黒人の奴隷化には反対しなかったのである。

一五五四年、ノブレガの命を受けたイエズス会士ホセ・デ・アンシエタが先住民教化村の拠点としたのが、現在のサンパウロ市である。同市はやがて金・銀やインディオ狩りを目的とする奥地探検隊（バンデイランテ）の本拠地となった。アマゾン地域からラプラタ川に至る広範な地域に拡大した教化集落は、バンデイランテの襲撃の標的となった。バンデイランテを構成したポルトガル植民者たちは実力で国境を西へ、スペイン領へと拡大することになる。

フランスやオランダの侵入にさらされた北東部では、イエズス会のアントニオ・ヴィエイラ師の国王への進言をもとに「ブラジル総合貿易会社」が設立される（一六四九年）。オランダ西インド会社をモデルとする同社の設立は、ブラジルに対するポルトガルの放任政策から重商主義政策への転換を示すもので、オランダが制海権を持つ大西洋貿易の保護が目的だった。しかし会社の資金の一部が内外のユダヤ系資本によって融資されたことや、商品の供給が遅れたことなどから、一七二〇年に廃止される。自身黒人の血をひくヴィエイラは、先住民保護者でもあった。一六五二年にマラニョン植民地に迎えられた彼は、域内のすべてのインディオ村落をイエズス会の保護下に置くよう国王に働きかけた。インディオの労働力を期待していた入植者たちの反発は強く、一六六一年にヴィエイラは反イエズス会反乱に追われてリスボンに向かうが、王位継承抗争に巻き込まれ、かねてから新キリスト教徒やユダヤ人の保護を主張していたため、異端審問所に四年間投獄される。

ところでポルトガルの啓蒙専制的宰相ポンバル侯は、自国の経済的後進性と対英従属からの脱却をはかるため、ブルジョアジーの育成など上からの近代化政策を打ち出した。彼は新旧キリスト教徒の差別を撤廃し、異端審問所を国王裁判所に再編する（一七六八年）。中央集権化を進めるポンバルの政策上最大の障害となったのが、強大なイエズス会の存在だった。南米の北から南に及ぶイエズス会の所領は、植民者だけでなく植民地官僚の立ち入りを拒む「国家の中の国家」の観があった。ポンバルは北東部におけるイエズス会の貿易独占権を没収して、本国資本の独占会社にその権利を与えた。また宗主国の支配権強化を目的に先住民のポルトガル化をすすめるため、トゥピー語、グアラニー語に代えてポルトガル語教育や白人との結婚が促進された。

こうした国家の政策に抵抗するイエズス会に対し、ポンバルは国王暗殺未遂事件を口実に一七五九年同会をポルトガル領から追放し、その莫大な資産を接収した。続いてフランス（一七六四年）、スペイン（一七六七年）がこれを踏襲。教皇クレメンス一四世は一七七三年にイエズス会解散を命じ、ロシアとプロイセンのみがイエズス会士の亡命を許した。イエズス会が復活するのは、ナポレオンが失脚し、ラテンアメリカ諸国が相次いで独立に向かった一八一四年以降である。

一六世紀以降相次いで大学が設立されたスペイン領アメリカと異なり、ポルトガルは植民地の教育・文化・福祉の振興に無関心だった。代わってこれらの役割を果たしたのがイエズス会である。本国だけではなく植民地ブラジルでも教育事業をほぼ独占し、ブラジル各地に数多くの高等教育機関コレジオ、教化村落、初等学校を経営していた。これらが廃止されたことでブラジルの教育制度は崩壊する。

3　独立と教会

独立運動と教会

一九世紀初頭に始まるラテンアメリカの独立運動は、米国の独立革命やフランス革命、さらにはナポレオン戦争に触発されて起きた動きだった。しかしその後の発展も欧米先進諸国とは異なり、自立性を欠くものとなった。独立戦争は宗教問題を争点としたわけではないが、戦後、教会の特権を剥奪することを通じて近代化が模索され、教会は守勢に立たされることになる。

高位の聖職をスペイン人が独占していたので、植民地生まれのスペイン人（クリオーリョ）や先住民との混血（メスティソ）で占められていた下位聖職者のなかには、独立派に投ずる者も少なくなかった。植民地時代末期には異端審問所の目をしのんで、フランスの啓蒙思想がクリオーリョの知識人に伝えられた。約半世紀間植民地から追放された二〇〇人を超えるイエズス会士の多くがクリオーリョだった。祖国を追われた彼らのなかから植民地の文化をヨーロッパに伝える数多くの学者も誕生し、原初的ナショナリズムの意識から本国の植民地政策を批判する者も現れ、独立運動を促す力となる。

聖職者を指導者とする独立運動は、スペイン支配の拠点メキシコで始まった。メキシコ中央部の村で司祭をつとめる下層クリオーリョのミゲル・イダルゴは、貧しい先住民やメスティソを率いて独立運動を開始した。フランスのナポレオン軍の侵略によってスペイン王朝が倒された二年後の、一八一〇年のことである。イダルゴはかねてから啓蒙思想に共鳴して異端審問所で審問を受ける一方、貧しい先住民のための小規模企業（ぶどう酒造りや養蜂業など）を興していた。

計画が発覚したためイダルゴたちは武装闘争に転じ、守護神「グアダルーペの聖母」の旗を掲げて「独立万歳」と叫びつつメキシコ中央部を北へ進んだ。規律を欠く反乱軍は総勢八万人に達したが、貢納の廃止、奴隷制の廃止などの改革を掲げるイダルゴ軍に対し、多くのクリオーリョは背を向けた。翌年捕えられたイダルゴは異端審問所で聖職を剝奪され、軍事法廷で火刑とされた（一八一一年）。「メキシコ独立の父」イダルゴが蜂起した九月一六日には、現在も大統領出席のもと独立記念の祝典が行われている。

イダルゴ亡きあと運動を引き継いだのは、彼と行動を共にしていた南部ミチョアカンの司祭ホセ・マリア・モレロスである。貧しいメスティソ出身で啓蒙主義に傾倒していたモレロスは、秀れた統率力と明確な独立の理念を持ち、メキシコ南部に勢力を拡大した。

一八一三年に彼は少数のクリオーリョから成る議会を開催し、完全な独立、共和制、権力の分立などの政治綱領を発表する。ついで翌年、副王軍に追われるなかで憲法を公布した。フランス革命憲法とスペインの一八一二年憲法をモデルとし、奴隷制や身分制を廃止して主権在民の国家をめざすリベラルなものだった。しかしこうした構想はスペイン人だけでなく、多数のクリオーリョが認めるものではなかった。一五年に捕えられて処刑されたが、モレロスがメキシコ異端審問所で極刑を宣告された最後の「異端者」であった。メキシコの独立は、一八二〇年にスペインで起きた自由主義派の革命の波及を恐れる保守的クリオーリョによって、その翌年に実現する。

ラテンアメリカ各地を独立に導いた志士たちはみな不寛容なカトリックだったが、その例外が南米北部の「解放者」シモン・ボリーバルである。カラカス（ベネズエラ）の名門クリオーリョ出身で、若くしてヨーロッパの啓蒙思想に接していた彼は、政教分離を擁護するリベラルな宗教観を持っていた。しかし独立運動を成功させるには教会の支持が不可欠だと認識していたボリーバルは、聖職者たちを敵にまわさないため、外交使節をローマに派遣して政教条約（コンコルダート）を結ぶ道を選んだ。

ポルトガル領ブラジルでも米国の独立やフランス革命の影響を受けた知識人によって、一八世紀末から独立の動きが起きはじめる。「ミナスの陰謀」（一七八九年）、「バイーアの陰謀」（一七九八年）には聖職者たちも参加したが、いずれの場合も発覚後参加者は処刑あるいはアフリカに追放された。

ラテンアメリカの独立に果たしたフリーメーソンの役割も見逃せない。自由・平等・博愛の実現をめざす秘密結社的団体で、独立運動の指導者ボリーバルやイダルゴ、南米南部（アルゼンチン、チリ、ペルー）を解放したアルゼンチンのサン・マルティンもそのメンバーだった。ブラジルでも一八一四年に北東部のレシフェにその支部が設立された。一七年にはレシフェでオリンダの神学校卒業生を中心とするメーソン団員と聖職者が率いる独立運動が起きた。彼らは共和国樹立を宣言し、米国、イギリス、アルゼンチンに支援を求めたが、海軍と陸軍に鎮圧される。

一八〇七年、ナポレオン軍のリスボン侵攻直前に、ポルトガル王室はイギリス艦隊に護られ大挙して植民地ブラジルに逃れた。国王が二一年に帰国後、残された王子が帰国を拒否してブラジルの独立を宣言（一八二二年）。一八八八年に奴隷制を廃止した翌年に帝政は崩壊し、連邦共和国ブラジルが誕生する。

独立後の教会と国家

植民地時代の三世紀間王権のもとにあったラテンアメリカの教会は、独立期にその権威と組織の多くを失って弱体化した。上位聖職者はスペインに去り、下位聖職者のなかには独立戦争期に双方に加わって命を落とした者も少なくない。カトリックを国教と宣言してスタートした独立国家は、植民地時代に国王に与えられていた宗教保護権の相続を主張して、教皇庁と緊張した関係になる。教皇が権限を保留したので、リベラルな政治家は政教分離実現の方向に動く。教会資産の国有化・民営化、戸籍登録民事化、婚姻民事化、信教の自由などが徐々に実現するが、教会は保守勢力（大地主・軍）と結んで特権の維持をはかった。

政教分離の進行にともない、国家から離れた教会はバチカンとの結びつきを強めた。教皇は植民地時代に国王の存在故に否定されていた直接支配権を行使し、教会使節には政府への信任状が与えられ、大司教は教皇の直接代理となる。教皇ピオ九世(在位一八四六―七八年)はラテンアメリカ諸国に教皇使節を派遣して政教条約を結び、ローマにコレヒオ・ピオ・ラテイノアメリカーノを設立して(一八五八年)、人材の育成につとめた。

回勅『レールム・ノヴァルム――労働者の境遇について』(一八九一年)によって社会問題への積極的対応を示した教皇レオ一三世(在位一八七八―一九〇三年)は、一八九九年に初めてローマに新大陸の全司教を集めてラテンアメリカ教会会議(シノドス)を開催する。アメリカ大陸四〇〇年を期した総合計画の一環として、福音宣教と司牧を重視し、その活性化を図る目的であった。

メキシコでは近代化を求める動き(レフォルマ=改革、一八五四―六七年)が内戦をともなうものとなった。他方、南米のコロンビアでは一八八七年に政府がバチカンと結んだ条約でカトリックを国教とし、法的にも教会に特別の地位を認めた。しかしウルグアイでは福祉国家をめざしたホセ・バッジェ大統領(在位一九〇三―〇七年、一九一一―一五年)のもとで一九〇七年に離婚法が成立し、一八年憲法は政教分離を定め、ラテンアメリカのなかではいち早く世俗化を法制化する。

教権・反教権論争は中央集権か連邦制かのテーマとともに、一九世紀半ばから二〇世紀初頭のラテンアメリカにおいて主要な政治的争点となり、近代化を促進する要因となった。

4　現代の国家と教会

ポピュリズム期の教会と政治

ラテンアメリカ主要国が一九三〇年代の世界恐慌の危機を乗りこえた処方箋が、大衆を基盤とした人民主義（ポピュリズム、スペイン語でポプリスモ）だった。最近話題となっている現代のポピュリズムとの違いは、中間層を中心とする民族主義的階級同盟がカリスマ的リーダーのもとに輸入代替工業化をめざす政策を特徴としていたことだろう。バチカンはファシズムとの対応に苦慮したが、ラテンアメリカの教会はポピュリズム政権と協調を図りつつ、教会の失地回復に努めた。しかしその例外が、ポピュリズムの先駆となるメキシコ革命である。

民族的自立と体制変革をめざして一九一〇年に始まったメキシコ革命は、一五年に離婚法を、一七年に反教権的な革命憲法を制定した。これに抵抗する教会は二六年にストライキを行ってミサを停止、熱狂的信者は武装蜂起して三年間の内乱（クリステーロ戦争）に及んだ。ついでラサロ・カルデナス政権（一九三四―四〇年）下で進められたコーポラティズム政策（労働者、農民などの諸勢力を職能別に政権党に組み入れる）によって、教会と軍は政治力を失った。

ブラジルでは共和制移行後に制定された実証主義的憲法（一八九一年）が政教分離を謳い、教会の政治力は弱まった。しかし一九三〇年の反乱で権力の座についたジェトゥリオ・ヴァルガス大統領のもとで、軍と教会が体制の支柱とされる。三四年憲法はカトリックをブラジルの国教と認め、離婚は非合法となる。首都リオデジャネイロのコルコバードの丘に三一年に建立された巨大なキリスト像は国家と教会の再接近を物語るもので、ブラジルを象徴する観光スポットとなった。

三〇年代のブラジルでは、人民戦線戦術をとる共産党と右翼ファシズム政党インテグラリスタ*（統合主義者）の対立が激化した。ヴァルガスは大統領任期が迫った三七年、共産党の「反乱」を鎮圧後、クーデターによって「新国家（エスタード・ノーヴォ）」独裁体制を樹立する。その名称はポルトガルのサラザール体制からの借用であり、「神・祖国・家族」を標榜するが、年末には全政党廃止政策のもとにインテグラリスタ党を解散に追い込んだ。新国家時代（一九三七―四五年）のブラジルは、協調組合主義的憲法のもとで労働者の体制内化とナショナリズムによる強権的近代化のスタートを切った。しかしブラジルの教会と政府はバチカンの支配力が強まるのを警戒して、政教条約《コンコルダート》の締結を避けた。バチカンからの自立政策の芽生えである。

ポピュリストの代表格、アルゼンチンのファン・ドミンゴ・ペロンは、一九四三年のクーデター直後に公立学校における宗教教育を義務化し、階級調和を主張して教会の支持を得た。アルゼンチンでは一八五三年憲法がカトリックを国教と認めながら、一九世紀末からリベラルな急進党政権のもとで教育などの世俗化が進行する。しかし一九三〇年以降保守政治が復活し、教会との協力関係が強まっていた。教会とペロンの関係が悪化するのは、労働権を保障した四九年憲法のもとで、ペロンの社会主義的独裁を教会が危惧しはじめてからである。とくに五四年の離婚法制定をめぐってペロンは教会と対立、翌年軍のクーデターで国を追われる（詳しくは第二章を参照）。

自由党政権下の一九二五年憲法によって政教分離を実現したチリでは、教会に対する国の助成もなくなった。国家の保護と規制から離れた教会は、先進的コースを歩みはじめる。カトリック・アクションを通じて教会の強化をはかりつつ、民主政治と労働者の権利に共感を示した。チリ労働組合連合を設立したアルベルト・ウルタード神父は五一年に『メンサヘ（メッセージ）』誌を刊行する。同誌は七〇年代に始まる軍政期に自立的情報を提供した。

一九二〇年代からイエズス会の聖職者はサンチアゴのカトリック大学で、のちのファランへ・ナシオナル（キリスト教民主党PDCの前身）を担う青年たちを育てた。ファランへのメンバーはカルロス・イバニェス保守独裁政権追放運動に参画し（一九三一年）、人民戦線政権（一九三八—四一年）の正統性を認める。ファランへのエドアルド・フレイは、カトリック大学の労働法教授の職を辞して、公共事業相として入閣。フレイはラテンアメリカ初のキリスト教民主党政権（一九六四—七〇年）を担当し、「銅のチリ化」（米系銅産業の国有化）などの政策を打ち出した。その背景には高位聖職者たちが教会の土地を農民組織に供与し、民衆運動を支援する動きがあった。

アンデス文明の拠点ペルーにおけるポピュリズムとしての民族主義的改革運動の動きは、一九二〇年代にアヤ・デ・ラ・トーレ率いるアメリカ革命人民同盟（APRA）によって開始された。反米と農地改革などに加えて政教分離を主張するAPRAが、実力がありながら政権につく機会を逸するのは、その武装闘争戦略もあって、軍と教会の反発を招いたからである。APRAの政策は改革的なベラスコ軍事政権（一九六八—七五年）に引き継がれ、司教たちもこれを支援する。スラムに住んで、カトリック大学で教鞭をとるグスタボ・グティエレスが著書『解放の神学』（一九七一年）を著したのはこの頃である。

社会主義、ファシズム、ポピュリズムの挑戦を受けたラテンアメリカでは、一九三〇年代以降教会近代化の動きが始まる。その第一はカトリック・アクションの活動である。バチカンの指導のもとに平信徒を社会問題に関与させ、主体的行動を促す意図で組織された。強力なカトリック信徒団体が存在していた多くの欧米諸国ではこの組織は冷淡に受けとめられ、次第に教皇絶対主義の方向に向かった。司牧を信徒の側から助けるこの組織は、ラテンアメリカでは「観察―判断―行動」という三段階の方法が重視された。この発想はのちのバチカン公会議で採用され、解放の神学者たちに受けつがれていく。

第二の教会近代化運動は、ポピュリズムの衝撃を前向きに受け止めた司教たちの結束を促すことになる。これまで布教は教皇に任命された司教を中心とする教区単位で行われ、横のつながりが乏しかった。一九世紀末にバチカン主導でつくられた各国の司教会議は形骸化しており、新しい時代の要求に応える教会官僚機構が求められていたのである。拡大する教区を全国規模で調整・統合して有効に機能させるために、五〇年代前半に各国に司教組織が設立された。五五年に司教たちの統合組織であるラテンアメリカ司教協議会（CELAM）の第一回総会が、バチカンの支援のもとにブラジルのリオデジャネイロで開かれた。このCELAMは第二バチカン公会議（後述）の決定とともに、ラテンアメリカにおけるカトリック教会の動向を左右する存在となる。

＊　インテグラリズムとは、「損なわれない」「完全な」を意味するラテン語 integer に由来し、寛容主義に対し自己の原理を保守する態度を意味する。寛容で二元論的な近代主義に対して、国家とカトリシズム、聖と俗、信仰と学問の総合（一体化）を主張する。

キューバ革命・軍政・解放の神学

一九五九年、キューバでフィデル・カストロが革命によって政権を奪取し、教皇ヨハネ二三世が第二バチカン公会議の召集を予告して、ラテンアメリカの教会は新しい時代を迎えた。第二バチカン公会議（バチカンII、一九六二―六五年）は社会主義やプロテスタント・国民国家との共存をはかりつつ教会の近代化を進める試みであり、教皇パウロ六世（在位一九六三―七八年）の南北問題への取り組みとともに、カトリック世界を現代化させるものとなった。

米州初の社会主義国家となったキューバは、アフリカ系宗教とプロテスタントが強力で世俗化も進み、教会の勢力は強くはなかった。カストロは中学・高校時代、エリートの子弟が通うイエズス会の学校で学んだ経験を持つ。革命後教会は反革命派の拠点となり、組織面でも危機的状況となる。しかし六〇年代半ばに東欧社会主義圏での経験豊かなチェザーレ・ザッチ師が教皇代理大使に着任以降、革命政権との緊張関係は緩み、無神論者との対話も試みられた。

キューバ革命の進行は、ラテンアメリカの多くのカトリック教徒にとって無神論革命の脅威を実感させるものだった。各地で社会主義に先んじて社会改革を進める必要が議論され、その過程で農地改革などを進めるキューバへの共感も芽生えた。反革命の神学から革命の神学、さらには解放の神学への転換である。一九六八年、コロンビアのメデジンで開かれた第二回CELAM総会は、解放の神学を教会の新しい方針の中心にすえた。プロレタリア国際主義を外交政策の基本に掲げるキューバにとって、貧者の視点から社会正義を追求する解放の神学の動向は無視できないものとなった。キューバ共和国憲法（七六年）は信教の自由を認めたが、共産党への信者の入党を禁じる。

選挙を通じて西半球で初めて社会主義政権を実現したチリのサルバドール・アジェンデ政権（一九七〇―七三年）のもとで、カトリック勢力は活発化し、チリは解放の神学の拠点となった。政権と教会の関係は正常だったが、ゴンサロ・アロージョ神父率いる「社会主義のためのキリスト者」運動と教会中枢の緊張関係は、七三年の軍事クーデター時点で最高に達した。

一九六〇―八〇年代の南米では、ほとんどの国で軍がクーデターを起こし、権威主義的な長期軍事政権を樹立した。その背景にはキューバ革命による政治の急進化と輸入代替工業化の行きづまりがある。政権を奪取した軍は「国家安全保障と経済発展」をスローガンに、これに抵抗する民衆勢力を「内部の敵」とみなしてその排除・抹殺をはかった。当初軍政の出現を歓迎・黙認した聖職者たちも、軍政が惹き起こした「汚い戦争」（数多くの市民が軍や警察によって誘拐・拷問・虐殺されて犠牲となった弾圧）による人権侵害を強く批判し、さまざまな方法で被害者の支援に動いた。ブラジル・チリなどで教会による反軍政活動は活発となったが、その例外がアルゼンチンである（第二章参照）。

一九七九年、メキシコのプエブラでCELAM第三回総会が開かれ、年末にソ連軍のアフガニスタン侵攻に始まる新冷戦期に、ニカラグアで起きたサンディニスタ革命とエルサルバドルの軍クーデターは、中米動乱を予告するものとなる。社会主義的なサンディニスタ政権に数名の解放の神学者が入閣し、米国の軍事介入阻止と社会改革の実現に貢献した。「弾圧を中止せよ」と軍事政権に呼びかけたエルサルバドルのオスカール・ロメロ大司教は、ミサ中に暗殺される（第五章参照）。

二〇世紀後半以降に独立した国が多いカリブ海地域からブラジル北東部にかけては、黒人奴隷制の名残りで、アフリカの宗教とキリスト教（主にカトリック）の習合がみられる。ジャマイカのラスタファリはエチオピアの皇帝ハイレ・セラシェを救世主とみる宗教運動でもあるが、キューバやハイチのブードゥー教、ブラジルのカンドンブレやウンバンダなどがある。大西洋横断的なナショナリズムにみられるアフリカ回帰志向は、第二次大戦後独立志向に変わった。

民主化・自由化——冷戦後の教会

軍政のもとで伝統的な政治・市民組織が解体された状況のなかで、政教分離の建て前に躊躇しつつも道義的立場から教会は軍政に抵抗し、野党的・民主化勢力としての役割を果たすことになった。伝統的に体制維持勢力であった軍・教会・寡頭勢力の同盟関係が大きく崩れたわけである。貧困と独裁からの脱却を求めて開始されたものの、新冷戦期における米ソの代理戦争化して悲惨な内戦となった中米紛争も、八七年の中米和平合意により終息に向かった。

南米における民政化と中米紛争の停止によって、ラテンアメリカの冷戦体制は終焉する。一九九二年一〇月、布教五〇〇年を記念してサントドミンゴ市（ドミニカ共和国）で第四回CELAM総会が開かれ、バチカンの統制力の強化が印象づけられた。この年にはメキシコで憲法が改正され、宗教活動に対する規制が緩和されて、反教権主義が改められる。キューバでも同年改正された憲法は、七六年憲法が禁じた信者の入党や宗教活動の自由を認めた。

民主化のために行動してきた教会も、軍とともに政治の舞台から撤退し、解放の神学は退潮する。教会は司牧という本来の倫理的職務に回帰したが、イデオロギーを超えた普遍的価値（環境・人権・平和）の追求に使命感を抱いている。なかでもネオリベラルな経済政策については、かねてからカトリック教会が貧富の差を拡げると警戒してきたものである。また共産主義の妖怪から解放されたバチカン、なかでもラテンアメリカ出身の教皇フランシスコにとって、キューバと米国の国交回復は米州における冷戦の終結事業に不可欠なものとなった。

近年ラテンアメリカで注目されるのはプロテスタント、なかでも福音派とペンテコステ派、さらにはそのカトリック版であるカリスマ運動の隆盛である。聖霊を重視するこの米国発の宗教運動は、同様に盛んなアフリカでの動きとともに注意していく必要があろう。

本章では、ラテンアメリカのカトリック教会が国家志向の組織から次第に変貌を余儀なくされ、二〇世紀後半に社会志向に転換する姿を、地政学的状況にも配慮しながら、検討してきた。こうした背景のもとで教皇フランシスコが誕生する。次章で、初めて南の世界から誕生した教皇の、就任までの多難な歩みをたどる。

第二章　教皇フランシスコへの道

家族とベルゴリオ（後列左から二人目）　1958年（アイヴァリー『教皇フランシスコ キリストとともに燃えて』より）

1　イタリア移民の息子ホルヘ・マリオ・ベルゴリオ

「地の果て」へ

一九二九年一月、イタリアをあとにしたベルゴリオ一家はブエノスアイレス港に到着した。ベルゴリオの祖父は北イタリア、トリノのピエモンテ地方でカフェテリアを経営していたが、一足先にアルゼンチンに渡って道路の舗装会社の経営で成功していた三兄弟と合流することになる。トリノの地所を売って得た札束を祖母が狐の襟巻つきコートの裏地に縫い込んで、一家は真夏の南米の土を踏んだ。実際には渡航の準備に時間がかかり、予定の定期船に乗り遅れたが、その船が事故で大西洋に沈没したため、次の船に乗ることになって、幸いなスタートを切った。

教皇に選出されたフランシスコの第一声が「地の果てから参りました」であったように、南米大陸の南に位置するアルゼンチンは、その南は南極大陸を望む国であり、北半球のヨーロッパとは別世界の「地の果て」である。国土は日本の七・五倍（二七八万平方キロ）の広さだが、人口は日本の約三分の一（二〇一七年に四四二七万人）、人口の九割がカトリック教徒である。日本から見ると地球の反対側に位置するので、夏と冬の季節は日本やヨーロッパとは逆となる。

アルゼンチンを襲った世界恐慌は一九三二年にベルゴリオ家を直撃し、会社が倒産したため、父マリオ・ホセは別会社の会計士の職についた。二年後に彼はブエノスアイレスのサン・アントニオ教会（サレジオ会）で同じイタリア出身の娘レジーナと出会い、結婚。二年後の一九三六年一二月一七日に生まれたのがホルヘ・マリオ・ベルゴリオ――のちの教皇フランシスコである。長男だったホルヘは翌年弟が生まれたため、五歳になるまで毎朝、近くに住む祖父母のもとに預けられた。その間、祖母ローザを通じてピエモンテの方言や文化になじむとともに、深い信仰をはぐくむことになる。

トリノ時代、祖母ローザはカトリック・アクションを通じて、ムッソリーニの独裁に対する反対運動に参加していた。一九二二年に権力を奪取したムッソリーニに対し、街頭で抵抗の演説も行っていたという。ベルゴリオ家にとって新大陸への移住は、より豊かな生活を保障するだけではなく、ヨーロッパ・ファシズムから逃れる道でもあった。

五人の子を出産後、一時体調を崩した母を手伝って、子どもたちは母から料理の手ほどきを受けた。ホルヘはのちに神学院で、料理人が休みの日曜日には仲間の学生のために腕を振るい、大司教時代も、また教皇の現在の居室にも料理道具が置かれているという。生活は質素だったが、尊厳があった。家族で楽しんだ思い出も多い。毎週土曜の午後、母親が子どもたちをラジオの前に座らせ、解説を交えながらオペラの全曲を聴く。今もベルゴリオは就寝前にクラシック音楽でくつろぐ。ベートーベンの曲がお好みという。また家族でトランプに興じることも多かった。

サッカーに熱中していた少年時代、父は彼をサッカー・チーム「サンロレンソ」に入れようとした。現在アルゼンチンを代表するチームの一つだが、もとは浮浪少年のために司祭がつくったもので、ベルゴリオは生涯このチームのサポーターとなる。好奇心旺盛な少年で、文学ではアルゼンチンが誇るホルヘ・ルイス・ボルヘスやドストエフスキーを好み、ダンスはタンゴもテンポの速いミロンガも得意だった。

アルゼンチンの独立とその後

一五一六年、スペイン人は南アメリカ大陸のラプラタ河口に到達した。ラプラタとは「銀」を意味するスペイン語である。川の水が灰色で銀を想像させたこともあるが、上流に銀鉱があることを期待する当時のスペイン人征服者たちの黄金郷願望をあらわす名である。しかしラプラタ地域の先住民人口は少なく（約三三万人）、貴金属が乏しく、熱帯農産物も産出しないアルゼンチンは、わずかに牧畜業が行われているのみの、スペイン本国から最も遠い魅力に乏しい植民地だった。

ところが一七七六年に現在のアルゼンチン、ボリビア、パラグアイ、ウルグアイがリオ・デ・ラプラタ副王領（首都はブエノスアイレス）に統合された頃から、地域経済は活性化する。とくに産業革命期イギリスの工業製品とパンパ（中央部の大平原）の畜産品の交易が進み、地元産業の繁栄を支えたクリオーリョ（新大陸生まれのスペイン人）の意識も変化する。一八〇六年にイギリス軍の侵略を阻止したのはクリオーリョの民兵で、これに啓蒙思想の影響やサン・マルティン将軍の指導力もあって、一八一六年にリオ・デ・ラプラタ諸州連合の独立が実現する。

独立後、中央集権派と連邦派の対立が激化するが、一八五三年に憲法が制定され、大統領制、三権分立、連邦制が建て前となる。同憲法はカトリシズムを国教とは規定しなかったが、大統領はカトリック教徒とした。政治が安定した一九世紀後半以降、アルゼンチンは外国移民の誘致と外資導入による近代化＝西欧化にのりだした。パンパから先住民を掃討する作戦（一八七九年）によって農牧地を拡大し、ヨーロッパから移民を招いた。一八八〇―一九三〇年にアルゼンチンに移住した約六〇〇万人の移民のうち、五割がベルゴリオ家のようなイタリア人*、三割がスペイン人で、主に農牧業に従事することになる。外資は主にイギリスから導入され、ブエノスアイレス港を中心とする鉄道網の整備によって、アルゼンチンは小麦、食肉などを供給する食糧庫に変貌する。

二〇世紀になると、農牧産品の輸出に関連した産業の多様化により、中産階級が台頭する。地主層（農牧協会）による政治支配は民主的選挙法の導入で弱められ、リベラルな急進党のイポリト・イリゴージェン政権が誕生した（一九一六年）。しかし年金や教育改革で実績を上げた同政権も世界恐慌には対処できず、三〇年にファシスト体制をめざす軍事クーデターで崩壊する。以後一〇年間は、対英従属的なロカ・ランシマン通商協定（一九三三年）や右派政治家による不正選挙のゆえに「不名誉な一〇年間」と称されている。この間に右派民族主義的カトリック勢力と政治家は、公立学校における宗教教育と教会の強化、さらには労働者の社会主義化阻止をめざして協力した。

＊ 世界名作全集やアニメでおなじみの『母を訪ねて三千里』は、イタリアからアルゼンチンに出稼ぎに行った母を探してマルコ少年が苦しい旅を続け、トゥクマンで再会する物語である。

活性化する教会

この地では、スペイン人航海者とともに宣教師が到来し、フランシスコ会士（一五三九年）、イエズス会士（一五八五年）なども到着して、カトリックの伝道が始まった。教皇パウロ三世は現在のアルゼンチン、ウルグアイ、パラグアイに及ぶリオ・デ・ラプラタ司教区を一五四七年に設立（中心はパラグアイのアスンシオン）、布教の対象はアンデス地域（トゥクマン、コルドバ、メンドーサなど）のインディオだった。主にグアラニー族を対象にイエズス会によって設置された三〇カ所のレドゥクシオン（先住民教化集落）のうち、半数は現在のアルゼンチン領内にあった。しかし一八世紀に強まった啓蒙絶対主義によって、スペイン領アメリカのイエズス会は一七七三年に追放される。レドゥクシオンは崩壊し、教会勢力は弱体化した。

独立運動を指導したサン・マルティン、マヌエル・ベルグラノなどの将軍たちは、啓蒙思想に傾倒してはいたが熱心なカトリック教徒で、ともに聖母マリアを独立戦争の保護者と仰いだ。司教たちはスペインに忠誠を誓って独立に賛同しなかったが、一八一六年にトゥクマンで独立宣言に署名した二九人の代議員のうち、一一人が司祭であった。独立戦争後、多くのスペイン人司祭はアルゼンチンを去った。二〇年に及ぶ内戦は教会組織を弱体化させ、ローマとの接触も途絶えた。

共和国成立後、教会制度はバチカンの政策のもとに体系化される。一八六五年にアルゼンチンは教会管区となり、ブエノスアイレス大司教区のもとに既存の五司教区が所属することになった。ローマにおける一八九九年のラテンアメリカ司教会議ののち、アルゼンチンの司教たちは一九〇二年から定期的に全国司教会議を開催することになる。

一九世紀から二〇世紀初頭にかけて、教会は神学校、教区、修道院（女子修道院は病院や学校を経営）を創設した。しかしその活動は「南米のパリ」と称されたブエノスアイレスや経済活動が盛んなコルドバなどの都市部に限られ、地方（内陸部）の貧困層が教会に接する機会はほとんどなかった。ガウチョ司祭として知られるホセ・ブロチェロ神父はポンチョをまとってラバに乗り、各地を旅して教会、道路、学校をつくり、生涯を貧しい人々に捧げた。のち教皇フランシスコは彼を列福し、聖人とする。

アルゼンチンの民衆信仰として知られるのが、ブエノスアイレス近郊の「ルハンの聖母マリア」への崇敬であろう。一六三〇年に農民が建てた小さな「祠《ほこら》」へは、現在毎年数百万人が巡礼を行っている。多くの知識人はこれを「迷信深い農民信仰の名残り」として蔑視したが、ベルゴリオはこれに同調しなかった。ルハンの聖母は一九三〇年にアルゼンチンの守護聖人とされ、各地の教会にその像が置かれている。教会には訪れたことのない若者の巡礼が近年ふえている。

一九三四年、ブエノスアイレスで開催された国際聖体大会*には、ローマからパチェッリ教皇特使（のちの教皇ピオ一二世）が訪れたこともあって、国民の六割が参加したといわれる。ベルゴリオが生まれる二年前のことで、祖母ローザからくり返しその話を聞かされた。独立後、リベラルな政権（主に急進党）によって周縁化されつつあった教会は活性化し、大会はその象徴でもあった。大会のパトロン役のA・フスト大統領（もと将軍）は、国とわが身を教会に捧げる儀式を行い、爾来、軍と教会の結びつきが強まった。三〇年クーデターを支持するものとみなされたこの大会以後、カトリシズムによる国家統一という軍の戦略が定着する。彼は五二年から五年間、フローレス地区のカトリック・アクション**も活発化し、ベルゴリオもその研究サークルに参加する。彼は五二年から五年間、フローレス地区のカトリック・アクションのメンバーだったが、当時の友人ホルヘ・マネントはよく日曜日に彼を訪ねた。カトリック・アクションはまだ教会の中で勢力を維持していたのである。

＊　聖体大会とは、聖体（エウカリスティア）の秘跡とミサに関する神学的理解と信仰を深める目的で、国際的に、あるいは司教区ごとに開かれる大会。国際聖体大会は一八八一年に始まるが、ブエノスアイレス大会はラテンアメリカで開かれた最初の大会だった。なお秘跡（サクラメント）とは、隠れた神秘を示すしるしで、洗礼・堅信・許し・聖餐・叙階・婚姻・癒しを指す。

＊＊　一九二八年に設立されたアルゼンチンのカトリック・アクションは、自由主義的政治勢力への対抗組織という性格が強い。

働きつつ学ぶ

ベルゴリオは一九四三年にブエノスアイレスのフローレス地区にある公立小学校に入学

した。同校の近くには聖フランシスコ・ハビエル（ザビエル）・カブリーニ教会があり、のちに司祭になったベルゴリオが初めてミサを行うことになる。ところが六年生（一九四八年）のとき、母親のレジーナが出産後の合併症で倒れたため、全寮制の学校に転校した。家族と親しい神父の紹介で、弟と共に送られたサレジオ会の学校で、「キリスト教徒として」勉強とスポーツにはげみ、充実した一年間を過ごした。初恋を経験したのもこの頃である。

小学校を卒業するとベルゴリオは父親の提案で、父親が会計をしていた靴下工場で休暇の間働きはじめた。最初は事務所内の掃除をし、次いで事務作業も担当する。仕事は休暇中だけでなく、四年目になって新設の産業技術専門学校（第一二実業学校）の食品化学のコースで学びはじめたのちも続いた。この学校は当時のペロン政権による産業振興策の一環として設置されたもので、彼は午前七時から午後一時まで働き、昼食後午後二時から八時まで授業という多忙な日程だった。同校を修了後、食品衛生研究所に勤めることになる。

研究所の上司エステル・カレアガは、パラグアイから娘と共に逃れてきた共産主義のシンパでもあった。栄養分の化学的分析をテーマにしていたベルゴリオに対し、彼女は憶測で決めず実験を繰り返してきちんと証明するよう戒めた。仕事に対する厳しさと共に、母語のグアラニー語や政治についても彼女から学んだと、のちに彼は語っている。

当時をふり返って、ベルゴリオは仕事の経験がいかに貴重なものかを認め、努力をいとわぬ職業倫理が自分の人格形成に大きな役割を果たしたと強調する。打ち込める仕事がないと人間の尊厳は損なわれかねないとし、働く者こそ社会の中心であるべき、とルビンらとの対話の中で指摘した。

のちにベルゴリオは、軍政の監視下に置かれたエステルの娘の蔵書を秘かに預かったが、娘は軍に拉致された。エステルは他の母親たちと「五月広場の母親たち」（後述）を結成して捜索と抗議活動を展開した。奇跡的に生還した娘らと共に、エステルは一時スウェーデンに逃れた。しかし仲間を見捨てたことに気づいて祖国に戻り、軍に拉致されて殺された。他の母親たちや支援していた二人の修道女も殺害された。エステルは、のちにベルゴリオによってサンタクルス教会の庭に葬られている。

召命

一九五三年九月二一日、一六歳のベルゴリオに予期せぬことが起きた。この春の始まりの「学生の日」の集まりに行く途中で、一家の教会であるサン・ホセ・デ・フローレス教会にふと立ち寄った。馴染みのない司祭が迎えてくれたが、その深い霊性に打たれ、彼に告解を聞いてほしいと求めた。それが信仰心を目覚めさせる告解となったことに自身驚き、聖職者になる決意で家に引き返したという。「私を待ちつづけていた方との驚異的な出会い。以来私にとって神は常に〝先手を打つ〟存在──先に探し求めるのは神のほうです」と、彼はラビとの対話においても、二人のジャーナリストとのインタビューでも、同様の趣旨を語っている。

この神からの召命について彼はすぐには家族に告げず、これまでどおり研究所で働き、夜は時々アルバイトをし、社会問題にも関心を寄せた。貧困層が住む地区を訪ねたり、共産党の『ヌエストラ・パラブラ』（我々の提言）紙を読み、左翼の評論家レオニダス・バレッタの論文に熱中、ペロニスモ（ペロン主義）にも傾倒する。

ほどなく彼は恋人と別れ、聖職者になる旨を家族に告げる。父は理解して喜んだが、母は日頃彼が口にしていた医師になることを望んだ。実際には息子を奪われたくないとの心境だったようだ。いちばん喜んだのは祖母のローザで、「神様が呼んでくださったとは、ありがたいこと」と言いつつ、「戻りたくなったらいつでも戻っておいで」と付け加えた。

五六年三月、一九歳のホルヘはブエノスアイレスのサンミゲル神学院に入った。当時イエズス会が運営していたので、校長はじめ教師の多くはイエズス会士だった。神学生は週末に教区の手伝いをすることになっていた。ホルヘが手伝いに通った聖フランシスコ・ソラーノ教会で教えていた教官の一人が、サッカー上手でハンサムなカルロス・ムヒカ神父である。神父はスラムで社会奉仕活動を続け、のちに極右勢力に教会の前で暗殺され、解放の神学のシンボル的存在となる。

ホルへが神学校に入るまでにかなりの時間がかかった原因の一つに、結婚をあきらめられなかったことがある。聖職につく決心をしたとき恋人と別れたが、神学生になってもなく、おじの結婚式で出会った女性に魅《ひ》かれ、数日間祈ることもできなくなった。女性と交わり、家族を持つ喜びを放棄できず、一時は神学校を退学することまで考えた。聖職者の独身制の問題は、今後の課題なのだが……。

神学院に入った翌年の五七年八月、ホルへは悪性の肋膜炎にかかり、三日三晩死線をさまよった。近くのシリア系レバノン人の病院に搬送され、三つの嚢胞《のうほう》と右肺上部を切除する手術を受けた。排膿《はいのう》のためカテーテルで生理食塩水を流し込む不快で痛みをともなう処置が一カ月続く。苦痛と不快さを慰めてくれたのは、彼の初聖体の準備を指導した修道女シスター・ドロレスが彼を見舞い、「あなたはキリストの似姿をしています」との言葉を残したことだった。苦痛を耐えることで徳を高めることができる、という教訓も得た。この手術で背中の下に痛みが残ったため、現在も特別の靴が必要となり、時折杖をついて歩くこと、また大きな声が出せないことも後遺症となっている。

ペロンと教会――協調から対立へ

　第二次大戦中の一九四三年六月、軍の統一将校団（GOU）のクーデターが起きた。枢軸国に友好的なGOUの中心的存在が、ファン・ドミンゴ・ペロン（当時陸軍大佐）である。軍事史家であったペロンはイタリアに留学（一九三九―四一年）、ムッソリーニのファシズムに共鳴して帰国した。クーデター後、彼は労働局長（のち労働福祉庁長官）として、労働総同盟（CGT）を中心とする労働者と、のちに妻となるエバに支えられて、四六年に大統領に当選する。

　ラテンアメリカの代表的ポピュリストであったペロンの政策の基本は、正義主義（労働者の保護）・経済的自立（工業化と国有化）・自主外交にあった。とくに正義主義はカトリック教会に好意的に受けとめられた。階級調和―労使協調路線のもとに労働者を保護・管理するコーポラティスト的方針が、諸教皇の社会教説と一致していたからである。またペロンは公立学校における宗教教育を許可し、司教ら聖職者の給与を増額、海外で学ぶ神学生に補助金を出し、憲法を改正して、労働者の団結権・労働基本権などを認める。四九年には神学校を増設した。信者の間でペロンの人気は上がり、ベルゴリオはペロン支持のバッジをつけて登校し、校長に注意されることもあった。

しかし、一八五三年憲法が植民地時代以来の国の権利（聖職者叙任権など）を認めた条項の削除をバチカンが求めてきたのに対し、ペロンはこれを拒否する。ペロンに忠実な司教が任命されるが、教会のペロン化を危惧するバチカンはその承認を拒否して互いに譲らなかった。私生児の出身であったエバ・ペロン（エビータ）は、貧しい人々や労働者の福祉のためエバ・ペロン財団をつくり、労働者のアイドルとなる（ミュージカル『エビータ』は日本でも人気となった）。しかし財団の慈善事業は教会の慈善事業と競合し、教会の社会的影響力を弱めた。

ペロンは第一期の任期中（一九四六―五五年）、第三帝国崩壊後のドイツから科学振興のためとして、数万人のドイツ移民を受け入れたが、そのなかには数十人のナチス犯罪者が含まれていた。ユダヤ人大量虐殺の責任者アドルフ・アイヒマンがモサド（イスラエルの情報機関）によって六〇年にブエノスアイレスで拉致された事件は、南米がナチスの逃避地になっていたことを物語る。ペロン政権は国連におけるパレスチナ分割決議*（一九四七年）を棄権したものの、四八年にイスラエルを承認しており、ラビのスコルカによると、国内のユダヤ共同体とは良好な関係を維持したという。

ペロンは五一年に大統領に再選されたが、翌五二年にエバが癌により死去したことは、ペロンにとって打撃であった。農牧業の不振と工業化の停滞によって経済は悪化し、教会との関係も次第に険悪なものとなる。正義主義をカトリシズムの上に位置づけようとするペロンを、危険視したのである。ペロニスタ（ペロン派）になっていた多くのカトリック・アクションの指導者が、ペロンのもとを去った。五四年にペロンは政治に関与する聖職者を非難して多数を逮捕し、カトリック・アクションを解散させた。さらに離婚法を制定し売春に対する規制を撤廃、教会の焼き討ちにまで対立は発展する。

　五五年六月、保守的軍人たちによる海軍の戦闘機が大統領官邸《カサ・ロサーダ》と五月広場＊＊を爆撃し、ペロンを支持する多数の労働者が殺害された。戦闘機には「キリストは勝利する」とのスローガンが掲げられていた。のちの教皇フランシスコは、ラビのスコルカとの対話で「このスローガンに激しい憤りと嫌悪感を覚えました。政治目的にキリストの名を使うなど、もってのほかです」と語っている。しかし教皇ピオ一二世による破門宣告（同年六月）が引き金となって、ペロンはコルドバやブエノスアイレスで起きた陸軍と海軍の反乱に敗れ、パラグアイに亡命した。その後、パナマ、ベネズエラ、ドミニカ共和国を経てスペインに渡ったペロンは、教会と和解する。民衆の多くは社会正義を求めてペロニスモに接近し、追放されたペロンの帰国を求めた。以後のアルゼンチンは、ペロニスタと軍部の争いの歴史をたどることになる。

＊　決議に賛成した三三カ国中一三カ国はラテンアメリカの国々で、イスラエル建国にラテンアメリ

カ諸国が大きな役割を果たしたことを物語る。

＊＊　大統領官邸の前にあり、一八一〇年五月五日の独立運動の記念碑がある。

2　イエズス会士時代――入会から管区長へ

イエズス会入会

肋膜炎が癒えはじめた一九五七年九―一〇月、ホルヘはイエズス会入会を決意した。ベルゴリオ家が親しかった司祭（サレジオ会）に相談のうえ、イエズス会を志願、翌年初頭に受け入れられる。二一歳だった。自身の述懐によれば、迷った末にイエズス会を選んだのは、ここが前衛的で規律や服従を重んじることにある。加えて宣教活動に力を入れていたことも魅力で、ザビエルなど著名なイエズス会士が活躍し、戦後めざましい復興を遂げた日本に、ホルヘは関心を持った。のちにローマのイエズス会総会長に日本行きを願い出たが、かつての肺の病を理由に却下されたという。

イエズス会に入会してから、司祭に叙階されて正式にイエズス会士になるまでは、他のカトリック教会の組織よりも長い、一〇年以上の期間がかかる。さらに最終誓願をたてるまでに数年を必要とするが、ベルゴリオはこの段階を異例の速さでクリアしていく。

一九五八年、ベルゴリオはコルドバで初期修練を開始した。一カ月間の沈黙の黙想会（霊操）、病院で働く一カ月、巡礼の一カ月などの実習以外は、作業、学習、祈りに満たされた日々だった。六〇年三月にベルゴリオは清貧・貞潔・従順の請願を行ってイエズス会士となり、名前の後にＳＪ（Socielas Jesu の略）をつけることを許される。五九年一月、カリブ海のキューバで革命が起きた次の年である。フィデル・カストロらにアルゼンチンのチェ・ゲバラが加わって起こされたこの革命は、西半球の安全保障体制を揺るがし、のちにベルゴリオも大きな影響を受けることになる。

こののちベルゴリオはチリのサンチアゴのイエズス会神学校（ロヨラ館）に移動した。サンチアゴ市はウルタード神父（一九〇一―五二年）がスラム街で奉仕したゆかりの地として知られる。ウルタードは貧しい人々への宣教を必須科目としたが、それはのちにベルゴリオが管区長としてアルゼンチンで手本にしたことである。当時ボリビア以南のイエズス会は養成の家を共有していた。アルゼンチン、ウルグアイ、パラグアイ、チリのイエズス会士は修練を各国で行ったのち、教養課程はチリのサンチアゴで、哲学および神学課程はアルゼンチンのマクシモ神学院で行うことになっていた。

六一年から三年間、ベルゴリオはブエノスアイレス州サンミゲルのマクシモ神学院で哲学と神学を学ぶ。開かれた雰囲気のロヨラ館と異なり、マクシモ神学院では授業も神学生同士の個人的会話もすべてラテン語だった。入学の翌年の六二年からローマでは第二バチカン公会議が開かれ、カトリック世界に新しい時代が訪れつつあったが、アルゼンチンでは世代間の分裂もあって、この動きに傍観者的であり、あるいはむしろ改革への抵抗がみられた。神学院ではテイヤール・ド・シャルダン（後述）についての講義も始まるが、バチカンが求める新時代における活動の意味を自問する過程で、多くの神学生がイエズス会を去った。ラテン語で行われた試験に合格したホルヘは、二〜三年間学校で教える中間期生（リージェント）となる。

イエズス会の歩み――ロヨラから独立以後まで

イエズス会を設立したイグナティウス・デ・ロヨラ（洗礼名はイニゴ）は一四九一年、スペイン・バスク地方のロヨラ城主の第一三子として生まれた。コロンブスが新大陸に到着する前年である。三〇歳の時、ナバラの放縦な武人としてフランス軍と戦い、両脚に砲弾を受けた。麻酔なしの手術の回復期、暇つぶしにさまざまな聖人伝を読むが、なかでもアッシジの聖フランシスコ伝は彼の心を打ち、神の世界に目覚めた。ベルゴリオが回復期にイエズス会への入会を決意したことを想起させる出来事である。

一五二五年から一〇年間、イニゴはアルパカリなどで勉学を続け、パリ大学で哲学修士の学位を受ける。ここで六人の同志（のち日本に布教したザビエルを含む）を得るが、当時パリ大学にはのちの宗教改革者ジャン・カルヴァンも在籍していた。

一五三四年、彼は六人の同志と共に清貧と貞潔の誓願を立て、教皇パウロ三世によって一五四〇年に「イエズス会」が認可される。会の当初の目的は異教徒の地における宣教だったが、次第に高等教育の振興・学問研究とカトリック正統派の教義の擁護に向けられ、とくに拡大するプロテスタントへの対抗（対抗宗教改革）に重点が置かれた。この新しい修道会は中央集権的組織で、従来の教区や司教の権限の枠外にあった。教会組織の役職を拒否、教皇にのみ従う神の軍団（「教皇の精鋭部隊」）を自認していたので、カトリック教会内で次第に異端視されることになる。著書『霊操』は、スペイン北東部のマンレサ洞窟で修行中（一五二二年）の神秘体験をもとに書かれ、のち推敲を重ねた「祈りと指導の手引書」である。布教活動はこの手引書をもとに活発に進められ、彼が没する一五五六年までにインド、東南アジア、日本、ブラジルで宣教師が活躍していた。

アルゼンチンにイエズス会が到着したのは、そのほぼ三〇年後の一五八五年である。同年イエズス会士がペルーからアルゼンチン北部のトゥクマンにやってくるが、当時のラプラタ管区の中心は、現在のボリビアの銀山で有名なポトシにあった。大牧場、果樹園、先住民のスタイルをとりいれた教会や住居、聖歌隊、マテ茶製造に代表される先住民教化集落（レドゥクシオン）に、最盛期には一五万人の先住民と二〇〇人のイエズス会士が働いていた。パラグアイとラプラタ川流域で、二〇〇年にわたって存続した三〇の先住民教化集落のうち、前述のように半数は現在のアルゼンチン領内にあった。現在もアルゼンチン北部にはその末裔が暮らす先住民共同体がいくつも残っている。

イエズス会のアルゼンチン到着四〇〇年を祝ってメンドーサで一九八五年に開いた国際会議で、ベルゴリオはこの文化変容あるいは土着化（インカルチュレーション）を教会活動の手本と称讃している。資本と財の効率的運用によって得た富は教育事業に使われ、一九世紀半ばまでに主要都市に大学が設立された。コルドバとサンタフェの大学は最古のもので、マクシモ神学院はイエズス会士の養成所であった。

イエズス会はその組織方式、規模、世俗権力への不服従ゆえに、ヨーロッパの啓蒙専制君主と他の修道会の反発を招き、スペイン領アメリカから追放された（一七六七年）。「支配者はその権限を民衆を通して与えられる」というスペイン・イエズス会の神学者フランシスコ・スアレスの理論を根拠に、ベルゴリオは王権神授説の信奉者カルロス三世によるこの追放令を批判する。

イエズス会再開（一八一四年）後の一八二九年、独立後のアルゼンチンに君臨した独裁者ファン・マヌエル・デ・ロサスはイエズス会を招致した。しかし祭壇に自身の肖像画を飾り、政敵への説教を拒否すべしとの彼の要求を拒否したイエズス会は、再び追放される。イエズス会がアルゼンチンに戻ったのはロサスが打倒された一八五二年以降である。その後、一八七〇年代までに多くの町で名門校が創立、再建された。

解放の神学に賛同したイエズス会

第二次大戦後にイエズス会総長の座に就いたベルギー人のヨハネス・B・ヤンセンス（在任 一九四六―六四年）のもとで、イエズス会に新しい風が吹きはじめる。彼はアンリ・ド・リュバック、ジャン・ダニエルウ、イヴ・コンガール（ドミニコ会）などの神学者とともに「新しい神学」を学ぶ場をフランスに設ける。近代思想や他宗教との対話を試みたこの世代の神学者のなかに、北京原人の発掘で知られる古生物学者のテイヤール・ド・シャルダンをはじめ、ジャック・マリタン、ドイツのカール・ラーナー、ハンス・キュング、先述のチリのウルタードの名を挙げることができる。

背景として反ファシズム・反ナチズムの運動の影響が大きく、フランスにおける労働司祭（労働者と共に働きつつ使徒職を実践する司祭）の実験は、のちにラテンアメリカで解放の神学を生む一つの力となった。しかし新神学はバチカンの反発を招き、教皇ピオ一二世（在位一九三九―五八年）は回勅『フマーニ・ジェネリス』（一九五〇年）で新神学を拒否した。進化論的世界観と神学的世界観の統合を試みたティヤールが破門を免れた功績は、ヤンセンスにある。

当時アルゼンチンの教会はラテンアメリカ最大規模の六六人の司教を擁し、前述の第二バチカン公会議（バチカンⅡ）に参加した司教団は一〇番目に大きな存在だった。しかし古い世代の司教たちは、イタリア出身で強固な反共主義者の故教皇ピオ一二世と緊密な関係を保ち、改革に抵抗する教皇庁に共感した。一方、若い世代の聖職者のなかにはより開かれた教会を望む動きもあり、神学院での会話もバチカンⅡのテーマがふえていく。

一九六五年からイエズス会総長をつとめたスペイン・バスク出身のペドロ・アルペ（一九八三年まで）は、マドリード大学医学部を中退してイエズス会に入会した。三八年に来日、山口を経て四三年から広島の長束修錬院院長をつとめ、四五年の原爆投下直後には医師として数多くの被爆者の手当てをした。五八年から総長に就任するまで、初代日本管区長をつとめた日本とはゆかりの深いイエズス会士である。彼の平和主義の原点には悲惨な原爆体験があった。

新神学の流れを受け継いだアルペの時代は、冷戦たけなわの困難な時期だった。特にラテンアメリカではキューバ革命に対する反革命としての軍事クーデターがブラジル（一九六四年）、アルゼンチン（六二、六六および七六年）、チリ（七三年）などで起き、軍事政権が成立する。六八年にコロンビアのメデジンで開かれた第二回ラテンアメリカ司教協議会（CELAMⅡ）は解放の神学を容認し、七九年の第三回CELAMも「貧しい人々を優先する」路線を再確認した。

一九七四年末、ローマでイエズス会第三二回総会が招集され、翌七五年春まで一三週にわたり開催された。これまでのほとんどの総会は新総長選任が目的だったが、今回はバチカンⅡ以後のイエズス会の刷新をはかるための総会であった。熾烈《しれつ》な論戦の結果は「貧者を選択する」、つまり解放の神学路線だった。イエズス会の今日の使命は社会正義の追求にあり、会員の活動の中心をエリートの教育から貧しい人々への奉仕に改めるという政策転換であった。しかしイエズス会の新路線へのバチカンおよび各管区の保守派の反応は冷ややかだった。当時イエズス会アルゼンチン管区長の地位にあったベルゴリオは困難な対応を迫られることになる。

ベルゴリオ、ボルヘスを招く

一九六四年（二七歳）から二年間、ホルヘはサンタフェのインマクラーダ・コンセプシオン（無原罪の御宿り）神学院で文学、心理学、芸術を教えた。自分の専門でない教科を担当させて才能を引き出すのは、イエズス会の方針である。一七世紀初頭に植民地エリートの教育のために設立された同学院は、アルゼンチン最古の名門校であるが、ここで彼は熱心できびしく、またユーモアのある教師だった。一年目にスペイン文学、翌年アルゼンチン文学を担当し、中世の古典『エル・シド』や、二〇世紀の詩人ガルシア・ロルカなどを採りあげる。生徒の自主性を尊重し、作家を神学院に招くことも、ホルヘのやり方だった。

圧巻は知人を介して世界的作家ホルヘ・ルイス・ボルヘスを学院に招き、ガウチョ（パンパの牧童）文学について五日間の講義を実現させたことだろう。講義後ホルヘは生徒にボルヘスへ手紙を書くことと物語を創作する課題を与えた。ボルヘスに送られた生徒たちの作品は、ボルヘスの前書きを付して『読んだことのない物語』という題で出版される。ボルヘス自身は自称不可知論者*だが、祖母はプロテスタントであり、ユダヤ教・仏教・イスラム教について論じ、司教に看取られて没した（一九八六年）。

ついでベルゴリオはブエノスアイレスの名門、サルバドル大学で教鞭をとり（一九六六—六七年）、マクシモ神学院で三年間の哲学と神学課程を学ぶ。かたわらベルゴリオはイエズス会刷新の先駆者ミゲル・フォリート神父らと「源泉への回帰」を求めて新しい学術誌を刊行する。彼はフランスの神学者イヴ・コンガールからも多くを学んだ。教皇ヨハネ二三世にも影響を与えたといわれるコンガールによると、真の改革は中心ではなく周縁、エリート集団ではなく一般の信者たちから生まれるという。

第二バチカン公会議（バチカンⅡ）の改革の精神と第三世界の発展問題を論じたパウロ六世の回勅『ポプロールム・プログレシオ――諸民族の進歩推進について』（一九六七年）は、ラテンアメリカで積極的に受けとめられた。メデジン会議（CELAMⅡ、六八年）では貧しい人々を優先する解放の神学の方針が認められたが、マルクス主義と自由主義を人間の尊厳と相容れないものとして、これらには反対する。バチカンⅡをめぐって内部分裂していたアルゼンチンのカトリック教会は、六九年の司教会議年次総会（サンミゲル会議）の宣言において、メデジン会議の精神を一応支持する姿勢をとった。バチカンⅡの路線は発展途上地域ではよりラディカルに受容され、第三世界の一八人の司教グループ（半数はエルデル・カマラらブラジルの司教）が教皇の意図を超える声明を発表する。アルゼンチンではこれに賛同した司祭たちによる「第三世界のための司祭運動」（MSTM、六八年）に発展。七〇年代前半には若い司祭の約四分の一がこれに参加し、社会主義に惹かれつつスラム（「悲惨な村《ビジャ・ミゼリア》」）で働いた。

六九年末にベルゴリオはマクシモ神学院で司祭に叙階され、ついで正式のイエズス会士になるための第三修練をスペインのアルカラ・デ・エナレス大学で行った（七一―七二年）。同僚や上長から高い評価を得ていたベルゴリオはアルゼンチンに帰国する途中で修練長に任命され、七三年四月に最終誓願を終える。

＊　経験を超える究極の実在である神は認識できないという立場で、無神論者に近い。

政治・社会的混乱とイエズス会分裂の危機

ペロン失脚後政権を担った軍部強硬派P・E・アランブル軍事政権（一九五五―五八年）は、ペロニスタを弾圧し労働者のゼネストを武力で抑えて、「脱ペロン」をはかった。しかしこのきびしい政策は、前述のとおり、ペロンを懐かしみ、その政権復帰を望む風潮を生んだ。これを警戒した軍は、ペロン派をとりこむため民政移管の選挙を行い、急進党の政権が二代続く。しかしキューバ革命（五九年）後、ペロニスタの過激化は強まった。ついにこれに危機感を覚えた軍は再びクーデターを起こし、ファン・カルロス・オンガニア軍事政権が成立する（六六―七〇年）。ベルゴリオが司祭に叙階される直前である。

個人ではなく官僚組織としての陸・海・空三軍が、テクノクラート（専門技術官僚）を起用しつつ組織的に支配するオンガニア政権は、官僚主義的権威主義体制であった。キューバ化を防ぎ、労働運動を弾圧して外資導入による高度工業化のための長期政権をめざした。オンガニア政権のもとでカトリック・アクションに属するクリスチャンは政府の要職につき、オンガニアは「無原罪のマリア」に国を奉献する（六九年）。

しかしこの権威主義的開発志向体制は民衆の不満を鎮めるものとはならず、各地でストライキや学生反乱が頻発。なかでもアルゼンチン第二の都市コルドバで起きた反軍政暴動（コルドバッソ、六九年）に続き、都市ゲリラ組織モントネロス（左派ペロニスタ）によるアランブル元大統領誘拐・殺害事件（七〇年）により、オンガニアは退陣を余儀なくされる。

激化する都市ゲリラの活動を前に、軍はペロンとの和解の必要を認め、七三年の大統領選挙にペロニスタの参加を許した。七二年末に帰国したペロンはMSTMの司祭六〇人と会見するが、会見は司祭たちの幻滅に終わる。翌年の選挙で三人目の妻（イサベル）を副大統領に、ペロンは三期目の大統領に選出されたが、党内の左右対立は激しく、就任後九カ月足らずの七四年七月に病没した。

世界初の女性大統領に就任したイサベル・ペロンは経験不足に加え、インフレの高進と激化するゲリラ活動に翻弄される。大統領の側近ロペス・レガが組織した極右のアルゼンチン反共同盟（AAA）は、モントネロスやトロツキスト系の人民革命軍（ERP）と対峙した。事実上の内戦である。七四年五月、ベルゴリオの同僚であったイエズス会士のカルロス・ムヒカは、教会の前でAAAのメンバーに射殺された。「スラムのための司祭グループ」を設立し、MSTMのリーダー格でモントネロスにも関わっていたムヒカには、カリスマ的な支持があった。彼はゲバラにあこがれてキューバを訪れたが、武力闘争を否定してペロンに期待していた。

イエズス会アルゼンチン管区長リカルド・オファレル（在任一九六九―七三年）はアイルランド系の社会学者で、解放の神学を信奉し、MSTMを支援する。しかしイエズス会のなかには、バチカンⅡ以降の教会の変化を快く思わない保守的な会士が数多くいた。エリート養成機関であったイエズス会系の学校の卒業生と在校生には、政財界や軍の要職にある人々とその子弟も多かった。進歩派と保守派の争いは、イエズス会士の減少にもつながった。六〇年代前半に四〇〇人を超えた会士は、約一〇年後に半数近くに減り、とくに修練者の数は二五人から二人に激減する。

ついに七二年に保守派が反乱を起こし、イエズス会ローマ本部にアルゼンチン管区長の解任を要請する。アルゼンチン管区の分裂を恐れたアルペ総長は請願に応じた。任期六年の管区長職を四年で去ったオファレルの後任となったのが、ベルゴリオである。

イエズス会管区長の試練

一九七三年七月、ベルゴリオは多難な職務のスタートを切った。弱冠三六歳で修道院長の経験もない管区長の登場である。ペロンが第三期目の大統領に就任する三ヵ月余り前である。管区長に就任した翌月、教皇パウロ六世の指示を受けたイエズス会総長アルペがベルゴリオを訪問、ラ・リオハ教区長エンリケ・アンヘレジ司教がかかわる教区内の紛争解決を求めた。アンヘレジは地域の労働組合結成を支援し、これに反対する地主や企業主が彼の教会でのミサを妨害していた。

アルペとともに現地でアンヘレジに接したベルゴリオは、アルペと親密な絆を育むことになる。一方で彼は「貧者を選択する」イエズス会の方針が、会をあまりにも政治にかかわらせることを危惧した。アルペは貧困そのものに異議を唱えたが、ベルゴリオは貧困という症状の緩和を主張する。イエズス会の「貧者を選択する」路線は多くのラテンアメリカの国々では支持されたが、スペインでは保守派の抵抗が強く、別の組織（会の中の会）の結成すら計画された。

ベルゴリオのイエズス会改革の目的は、管区の非政治化と司牧的使命に集中することにあった。まず取り組んだのはローマの本部から要請のあったイエズス会が持つ大学の一つ、サルバドル大学の経営を一般信徒に委ねることだった。同大学の教授陣にはMSTMのメンバーが多く、学生はストライキをくりかえし、大学は多額の債務を抱えていた。委譲先の「鉄の番人」は中道派ペロニスタの組織だったが、ルーマニアの同名のファシスト組織と誤認した人々からきびしい批判を受ける。

彼はオファレル元管区長が手がけた改革をバチカンII以前に戻す作業に打ちこんだ。マクシモ神学院の改装された礼拝堂に聖母マリア像を設置、公会議後の聖歌をラテン語のグレゴリオ聖歌に戻す。進歩的教官は神学校から追われ、解放の神学者の著作は図書館から除かれ、履修科目から社会学や政治学が消えた。ベルゴリオはオファレルに共感していた人々から激しい反発を受けることになる。一時は金の縫い取りのついたビロード仕立ての聖衣をまとい、運転手つきの車で移動したという。

一方でベルゴリオはメデジン会議の精神にもとづいて、貧しい人々への宣教や肉体労働・巡礼にも力を入れ、スラムや辺境地、さらにはエクアドルなどにも若いイエズス会士を送り込む。スラムを訪れる教会関係者がAAAなどに狙い撃ちされるようになると、彼は昼間に複数で訪れるよう勧めた。

管区長になるまでベルゴリオは雑誌『ストロマータ』の編集長をつとめ、同僚の神学者ルシオ・ヘラ、カルロス・スカンノーネとともに「民衆神学」を構想した。マルクス主義的な解放の神学ではなく、アルゼンチンの歴史と文化に根づいた「民衆」つまり「神に忠実な聖なる人々」が主体となる神学である。当時アルゼンチンではマルクス主義や従属論を分析の道具として解放の神学を理解する人が多く、これに対する反発も強かった。彼はカリスマ的指導力を発揮して召命にも力を入れ、若者のための黙想会を組織するチームを多くの学校に派遣した。その結果、七〇年代後半修練者は毎年ふえ、退会者は減少する。

解放の神学路線を明らかにしたイエズス会第三二回総会（一九七四―七五年）に臨席した教皇パウロ六世は「正義の促進が信仰への奉仕となっており……、イエズス会の刷新は多くの場所で脱線している」と警告し、会のアイデンティティ喪失の恐れを憂慮した。正義を求める動きが政治化することを危惧していたベルゴリオは、パウロ六世に共感する。教皇の『福音宣教』（一九七五年）は、ベルゴリオが好んだ教会文書だった。

この文書にはアルゼンチンの枢機卿エドアルド・ピロニオの見解も反映されていた。六七―六八年にラテンアメリカ・カリブ司教協議会の事務局長をつとめたピロニオは、メデジン宣言の誕生に協力し、保守・超保守派が多数を占めたアルゼンチン司教協議会のなかで、穏健保守的存在だった。貧しい人々を優先的に選択しながらイデオロギーに慎重であった点、ベルゴリオの先駆的存在である。七五年以降ローマで要職（奉献生活省長官）にあったが、母国における苛酷な人権侵害に対して明白な態度を示さなかった。

ベルゴリオのイエズス会改革とその姿勢は内外の批判を招き、内部対立は激化した。とくに各地のイエズス会の社会問題研究所である「社会調査活動センター」（ＣＩＡＳ）は権威主義体制（軍政・独裁制）に批判的であり、弾圧を受けつつ国際的協調体制のもとに活動を続けていた。しかしベルゴリオは非政治化を主張してアルゼンチンのセンターの閉鎖を試み、反発を受けた。のちに教皇になって間もなく、イエズス会の司祭とのインタビューに応じて自ら管区長時代を振り返った彼は「私の権威主義的な決断の仕方が、深刻な問題を惹き起こし、超保守的だと判断されました。しかし私が右派だったことは決してありません」と、述懐している。

3 「汚い戦争」の拡大と教会

軍政のサイレント・パートナーとしての教会

一九七六年三月、イサベル・ペロン政権をクーデターで倒した軍は、陸・海・空三軍による軍事評議会を樹立、J・R・ビデラ陸軍総司令官を大統領に選出する。オンガニア政権に次ぐ官僚的権威主義体制の出現だが、ビデラ政権は「国家再組織プロセス」（プロセソ）を政策目標に掲げ、熾烈な弾圧に転じた。アルゼンチンが第三次世界大戦の先陣を切るための戦場と化しているとの認識のもとに、キリスト教文明と国家安全保障を脅かす左翼勢力撲滅のために戦うという強烈な反共政策である。

すでに一九七四年、南米南部五カ国の軍部は米国の支援のもとに「コンドル作戦」計画を立て、左翼集団と個人の抹殺を狙った。左翼組織が国境をこえて情報交換などのネットワークを作っていたことへの対抗策でもある。七三年のチリ・クーデターでアルゼンチンに逃れたアジェンデ派要人の暗殺計画には、AAAも協力した。

軍事政権が弾圧の対象にしたのは都市ゲリラばかりではなく、労働者、学生、知識人、弁護士からユダヤ人（ユダヤ教徒）、キリスト教聖職者などに及んだ。一般市民が突然誘拐され、秘密収容所で拷問を受け、処刑される。突然姿を消した「失踪者（デサパレシドス）」「行方不明者」は、この国家テロリズム期（一九七三―八二年）に約三万人に達する。軍政による人権侵害は「汚い戦争」として国際的にも非難され、批判を浴びた。「わが祖国に今も重くのしかかる汚点」とベルゴリオはスコルカとの対話で述懐している。

一九七六年に入ると進歩的聖職者の殺害が相次いで起こる。聖パトリック教区の三人のアイルランド人司祭と二人のセミナリアンが射殺され、外交問題となる。ついでMSTMに属する二人のフランス人司祭がラ・リオハで誘拐、殺害された。かねてから軍政を批判していた教区のアンヘレジ司祭が、この二人の司祭の死は軍の共謀によるという調査資料を携えて車で移動中、二台の車に襲われて死亡、資料も奪われた。翌年、軍を非難したポンセ・デ・レオン司教も自動車事故で死去。年末には「五月広場の母親たち」とともに働いていた二人のフランス人修道女が誘拐、殺害される。ジスカル・デスタン仏大統領は説明を求めて使節をアルゼンチンに送ったが、当局はこれを無視した。

ビデラ軍政の経済政策も人々を苦境に陥れた。この政権は、オンガニア政権の外資導入による高度工業化政策を踏襲しつつ、物価スライド、民間主導の開放的貿易政策に移行した。その結果、弱体な国内産業は崩壊、インフレと失業、累積債務により経済は行きづまる。軍事政権は国民の不満をそらすため、アルゼンチン南東沖の英領マルビナス（フォークランド）諸島を占領する（八二年四月）。イギリス植民地主義の象徴である島々だが、サッチャー政権は大軍を派遣して島を奪還した。本来国民を守るべき軍の失態を人々は許さなかった。民政移管のための選挙で急進党のラウル・アルフォンシンが大統領に選出される（八三年一〇月）。

就任後間もなくアルフォンシン大統領は「失踪者に関する国家委員会」（CONADEP）を設立、九カ月後に報告書『二度と再び』（*Nunca Más*）が完成する（一九八四年）。報告書は、貧しい人々を支援し人権侵害を非難した聖職者たちが「汚い戦争」の犠牲になったと指摘し、教会が「汚い戦争」を傍観、あるいはこれに加担し、事実上軍事政権のサイレント・パートナーであった、と批判した。同様に官僚的軍事体制のもとにあったブラジルやチリなどで、教会が軍政に抵抗して市民を守ったのとは対照的である。アルゼンチンの教会が国家依存型（国家と教会との同一視）であり、[*]カトリックが事実上の国家宗教であったこと、また左翼テロの脅威がチリやブラジルより強かったという事情もある。

当時、アルゼンチン司教団の半数以上が保守派で占められ、インテグラリスタ（統合主義者）の超保守派が要職にあった。司教協議会議長で従軍司教のアドルフォ・トルトロやビクトリオ・ボナミンなどがその例で、クーデターを祖国を共産主義から救う聖戦とみなして歓迎した。また教皇大使のピオ・ラギは苛酷な人権状況をローマに伝えなかった。バチカンIIの改革を支持する穏健派は司教団の統一を乱すことを恐れ、人権侵害に対して明白な姿勢を示さなかった。そのなかでアンヘレジやホルヘ・ノバクなど少数派の進歩的司教が迫害にさらされたのである。

七六年五月に開かれた全国司教協議会では、一部の司教から教区で起きている迫害、拷問、略奪などが報告され、政権を糾弾すべきとの声も起きた。しかし採決の結果、司教教書『国家と共通善』を発表し、軍事政権への理解を求めるに留めた。司教団代表は人権問題を携えて軍事評議会をたびたび訪れたが、不毛な会見に終わったという

しかし七九年頃から司教協議会内の穏健派の主張が積極化する。汚い戦争による人権侵害へのきびしい国際世論、とくに世界のカトリックからの批判の高まりに加えて、CEL

AMプエブラ会議（七九年）が国家安全保障ドクトリンをキリスト教精神に反すると非難したこともある。ビーグル海峡をめぐるチリとの国境紛争が教皇庁の調停に委ねられたことも、教会の威信と責務を意識させた（紛争は八四年にアルゼンチンが譲歩して解決）。

八一年に司教協議会がまとめた文書『教会と国家共同体』は、民主制への復帰プロセスの始まりを告げるものだった。反乱の悪と国家テロリズムの悪の均衡をはかり、対話と和解による国家再建を呼びかけたこの文書は、国家テロリズムの犠牲者への正義を求めたものではなかった。しかも軍は「和解」を自身の罪への「ゆるし」と理解したのである。

汚い戦争中、教会に支援を期待できなかった人権被害者とその家族などのなかから、独自の人権擁護組織が生まれた。「五月広場の母親たち」「五月広場の祖母たち」は行方不明者の母親と祖母たちの組織で、軍のスパイが潜入したり、活動中に自身が「失踪」することもあった。映画『オフィシャル・ストーリー』（一九八五年）は、軍政下の幼児略奪問題がテーマである。妊娠中に拉致された女性の子どもを、軍関係者などが偽の出生証明書で登録、養子にするケースも多かった。

「平和と正義サービス」（SERPAJ）は、解放の神学の影響を受けた南米大陸規模の人権擁護組織で、追われている数多くの市民の国外亡命を援けた。設立者ペレス・エスキベルは八〇年にノーベル平和賞を授与されるが、その直前に「死の飛行」から生還する。

「死の飛行」とは政治犯を麻酔などで眠らせ、飛行機から大西洋やラプラタ川に突き落とす処刑法である。

＊　バチカンとアルゼンチン共和国大統領間の協約（一九六六年）で、国家による司教任命権制度（一八五三年憲法第六七条および八六条）が廃止されたが、国によるカトリック教会への助成金は続き、高位聖職者は厚遇を受けた。

闇の時代のベルゴリオをめぐって

軍事クーデター二カ月後の一九七六年五月、ブエノスアイレスのスラム街で一斉検挙が行われ、イエズス会司祭オランド・ヨリオとフランツ・ヤリクスはカテキスタ（宣教補助者）ら数名と共に海軍に拉致された。海軍の拷問拘留所ＥＳＭＡ（海軍機関学校）に連行された二人は目隠しされて手錠をかけられ、電気牛追い棒で拷問を受け、監禁生活は五カ月に及んだ。二人の逮捕の情報に、イエズス会と教会に緊張が走った。ベルゴリオは直ちにトルトロ司教協議会議長、教皇大使、ローマのイエズス会総長に事件を報告し、ビデラ将軍や海軍司令官エミリオ・マセラに面会して二人の釈放を求める。

ヨリオとブダペスト生まれのヤリクスはベルゴリオより年長の霊的指導者で、彼はヨリオから神学を、ヤリクスから哲学の教えを受けた。一九七〇年、ＭＳＴＭに近いヨリオとヤリクスに率いられた神学生と教師たちは、スラムのキリスト教基礎共同体（CEB）で生活を始める。基礎共同体は解放の神学の中核となる信徒主導の組織で、CELAMのメデジン会議で設立が奨励された。しかしアルゼンチンではバチカンを頂点とする叙階構造（ヒエラルキー）を否定するものと危険視され、当時のオファレル管区長はその閉鎖を命じた。七二年にヨリオとヤリクスらは別の基礎共同体を設立するが、七三年に管区長に就任したベルゴリオは、二人に対しスラムでの活動の中止と司祭職の遂行不適格を通知する。解放の神学に反対する教会上層部の圧力もあったようだ。しかしこの決定は「二人のイエズス会士に対して、行動を起こして良いとの青信号《ゴーサイン》を軍に与えた」との疑念を生むことになる。

一九七六年一〇月に二人は解放されたが、カテキスタたちは消息を絶った。ベルゴリオはヤリクスを米国にいる母親のもとに送り、ヨリオにはローマのグレゴリアン大学で講義を受ける手配をする。しかし二人ともベルゴリオに裏切られたとの思いから脱することはできなかった。心的外傷による疾病に苦しんだヨリオは、心臓発作で二〇〇〇年に亡くなった。出版した著書（九五年）の中でベルゴリオを批判したヤリクスが彼と和解したのも二〇〇〇年、ともに公的ミサを行った時である。

一九八〇年代半ば、ベルゴリオは人権擁護グループから、軍事政権と共謀したと告発される。人権NGOの法社会研究センター（CELS）の設立者、エミリオ・ミニョーネが*著書『教会と独裁』（一九八六年）のなかで、「自分の羊を敵に渡した卑怯な聖職者」と分析したのだ。さらにCELSの同僚でジャーナリストのオラシオ・ベルビツキは著書『沈黙』（二〇〇五年）で、ベルゴリオは二人を助けているように見せながら、陰で二人を非難していたと批判する。同年行われた教皇ヨハネ・パウロ二世の後継者を選ぶコンクラーベ（教皇選挙）直前に、同様の趣旨の秘密のEメールが選挙権のある枢機卿たちに送られた。

のちに自身のインタビュー集『イエズス会士』（二〇一〇年、邦訳『教皇フランシスコとの対話』、二〇一四年）のなかで、ベルゴリオは二人の司祭が新しい修道会の設立を計画していたが認められず、イエズス会からの脱退を申請したこと、身の危険を注意したが拉致された。訴えられる行為をしていない彼らを死に物狂いで捜索した……などと語っている。

汚い戦争中、管区長としてベルゴリオが目的としたのはイエズス会士を守り、人権侵害された人々を援けることだった。そのために広い人脈を使い、弾圧に公然と抗議するよりも秘かに個別に被害者を救出した。この方式は、当時の穏健派の高位聖職者が行ったやり方でもある。「彼は人権を守る戦いに加わる勇気に欠けていた」とはエスキベル（SERPAJ）の評である。ベルゴリオは「神の名のもとに殺害を犯すことは、神への冒瀆である」と断罪しつつも、ラビとの対話のなかで「広義には我々はみな政治的な動物だが、説教する側の人間は党派的言動を慎むべき」と語っている。

偶然にも七六年のクーデター当日に管区の拠点をマクシモ神学院に移したベルゴリオは、追われている逃亡者を神学院にかくまい、イエズス会の国際的ネットワークを通じて国外に脱出させた。当時、学内は従軍神父を含む反マルクス主義的民衆の神学派の聖職者で占められていたが、神学院の近くにも軍の基地があり、大学の構内に空軍が測候所を設けていた。神学院内にかくまうことは、かなりの危険を伴うことだった。

ベルゴリオともと逃亡者たちの証言によると、ほとんどがブラジルかウルグアイに向かい、そこからヨーロッパに亡命している。ベルゴリオは偽造の身分証明書を手配するため、数週間から数カ月間彼らをマクシモ神学院に住まわせ、自ら出国を見届けた。多く用いられたルートは、かつてグアラニー族が住んだブラジルとの国境越えで、コンドル作戦に対抗する南米イエズス会の難民救出作戦だった。

彼のこうした努力にもかかわらず、秘かに行動したこともあって、「守るべき羊を敵に引き渡した」という暗いうわさが絶えず、軍の高官との折衝も「敵と内通した」と受けとめられた。二〇一〇年、ＥＳＭＡにおける人権侵害裁判に証人として証言を求められたとき、すでに枢機卿となっていたベルゴリオは、高位聖職者の出廷拒否権を認める法に基づいて出廷を拒否し、批判を浴びた。

闇の時代のベルゴリオの行動を弁護するのは、三児の未婚の母で判事のアリシア・オリベイラである。彼女もCELSの設立者の一人で、エルサルバドル大学で刑法を担当、軍政下で弁護士資格を剝奪されたが、民政化後は憲法改正案の起草委員などをつとめた。ベルゴリオが、不当に追われている人々に修練院で昼食をふるまって送別会としていたこと、人権弁護士として軍政にマークされていた彼女の身を案じてマクシモ神学院での居住をすすめたこと……などを語っている。

オリベイラによると、軍政末期に米州人権裁判所裁判長チャールズ・モイヤーが米州人権条約（コスタリカ・サンホセ条約、六九年締結、七八年発効）の批准を求めてアルゼンチンで講演し、弁護士たちと交流できたのは、ベルゴリオの協力によるものだったという。米州人権委員会は毎年国別の人権状況報告書をつくり、政府に勧告を行っていた。当時の米州機構（OAS）の事務総長でアルゼンチン人のA・オルフィラの反対にもかかわらず、同条約の存在がアルゼンチンで知られ、民政移管後まもなく条約が批准できたのは、ベルゴリオの尽力が不可欠であった。

＊　ミニョーネは法務省出身の弁護士で、米州機構で教育政策を担当、ルハンのカトリック系大学で学長をつとめた。七六年五月、スラムでカテキスタとして働いていた娘モニカ（二四歳）が自宅から拉致され、行方不明となる。

4　スラムに通う大司教

移行期の正義と教会

民政移管した急進党のアルフォンシン政権（一九八三―八九年）は、軍政から引き継いだきびしい経済状況に苦慮しながらも、軍政期の人権侵害の責任と真実の追求を開始した。先述のCONADEPの報告書（*Nunca Más*）に加え、人権裁判に着手する。軍は民政移管直後の八三年に自らに免責特権を与えていたが、八五年の人権裁判は軍政期のビデラ大統領、マセラ海相らに終身刑を宣告した。その後も人権侵害への訴訟がふえつづけたので、これに制限を設けたが（終止符法、八六年）、裁判を不満とする一部下士官の反乱が続いたため、下士官について免責とする（服従法、八七年）。

正義党（ペロン派）のカルロス・メネム大統領（一九八九―九九年）は、ブエノスアイレス大司教（のち枢機卿）アントニオ・クアラシーノの強硬な勧めもあって、軍関係者に恩赦を与え、軍部と政府の間の緊張関係の緩和と和解につとめた。恩赦は八九年、九〇年、九四年の三度にわたって行われ、ビデラやマセラなど軍の最高責任者も対象となる。こうしてメネムは八七年にアルゼンチンを訪れた教皇ヨハネ・パウロ二世が求めた国民和解の要請に応じたのである。しかし「五月広場の母親たち」などの人権被害者や急進党はこれに抵抗した。一方でメネムは徴兵制を廃止し軍事予算を削減して、軍部の勢力抑制をめざした。またシリア移民二世の彼は九四年の憲法改正の際、第二条の正・副大統領候補の要件を「カトリック信者たること」から「アルゼンチン生まれ」に改正し、アルゼンチンの政治的近代化に寄与した。

メネムの恩赦政策によって一時頓挫した人権裁判は、九〇年代後半から活性化する。九五年にCELS（法社会研究センター）が真実裁判を求める訴訟を起こし、海軍軍人A・シリンゴが「死の飛行」に従事したことを告白した。九八年にスペインはロンドンに滞在中のチリの軍人独裁者ピノチェトの逮捕・送還を求めたが、翌九九年にはジェノサイド容疑でアルゼンチン軍人九八名の送還を要求している。

軍事政権の人権弾圧を黙認するかたちで加担者となった教会も、司教協議会の調査をもとに九六年四月に七一人の司教の署名のもとに公にされた報告で、軍政期における教会の対応の誤りを部分的に認めて、謝罪した。また教会はメネム政権の極端な新自由主義経済政策を批判したが、メネムは妊娠中絶合法化に反対して、これに応じた。九四年のカイロにおける国連主催の国際人口・開発会議でバチカンが孤立した時、アルゼンチンが味方することで司教たちの批判を相殺したのである。

正義を求める動きは、九八年に軍政トップのビデラとマセラらの逮捕に発展する。軍政下の乳児略奪・出生証明書偽造に問われたからである。二〇〇一年には地方裁判所が二つの恩赦法を米州人権条約違反として無効を宣言、最高裁判所がこれを認め（二〇〇五年）、軍人に対する人権裁判が再開される。ビデラの証言によれば、強制収容所付きの司祭や修道女は乳児を母親から取りあげて、「敬虔な信者の家庭」に引き渡したという。また数多くの拉致・殺害の共犯を問われた収容所付き司祭のフォン・ウェルニヒは、終身刑の判決を受けた。

軍政期の記憶を次世代に伝える動きが活発で、ＥＳＭＡはミュージアムとなり、ＨＩＪＯＳ（強制失踪者の子どもたちの会）などのＮＧＯの活動が地方都市にも広がった。

追われるベルゴリオ

一九七九年一二月、イエズス会管区長の職をアンドレス・スウィンネン神父に譲ったベルゴリオは、マクシモ神学院の院長に転じた。汚い戦争の最中である。彼は哲学・神学課程を「民衆の神学」を中心に再編成し、アルゼンチンの民衆中心の歴史と文学を重視し、巡礼と祈りへの信仰心を育てる意図だった。また肉体労働を重視し、農場や牧畜・養蜂に力を入れ、牛・豚・羊・ウサギを大量に飼育して、中産階級出身の神学生に農民や労働者の生活を体験させ、院長自ら豚小屋の掃除にも加わった。

神学生は週末には子どもたちをミサに集めて要理《カテキズム》教育を行い、スラムに食堂やスープ・キッチンを開いてボランティアによる炊き出しを行った。軍政期からフォークランド戦争を経て深刻な経済危機に陥るなかで、貧しい人々に対する神学院の役割は小さくなかった。

しかしベルゴリオのこうしたやり方は、イエズス会内の進歩派―解放の神学派との対立を生んだ。なかでも、社会調査活動センター」（ＣＩＡＳ）の人々は、チリ、ブラジル、エルサルバドルなどの司祭と同様に、軍事独裁体制と闘うことを望んでいたが、ベルゴリオは明白な軍政批判を行わないばかりか、センターの予算を削減し、その閉鎖をはかったのである。ＣＩＡＳはムヒカなどの「第三世界のための司祭運動」（ＭＳＴＭ）の中心で、ヨリオとヤリクスの支援者だったミニョーネもそのメンバーだった。

イエズス会に批判的なヨハネ・パウロ二世の教皇就任（一九七八年）後、この傾向は強まり、民政移管後「汚い戦争」下の人権侵害が明らかにされるにともない、マクシモ神学院対ＣＩＡＳの対立は激化する。エリート出身者が多かったＣＩＡＳの会員にとって、ベルゴリオのマクシモ神学院は時代遅れの反知性主義的訓練所だった。

一九八三年九月に開かれたイエズス会第三三総会は、病に倒れたアルペに代わる新総長にペーター・ハンス・コルベンバッハを選出する。教皇ヨハネ・パウロ二世は教皇特使と補佐を派遣して、解放の神学派に圧力をかけたといわれる。オランダ人神父の新総長はバチカンとの関係改善に手腕を発揮するとともに、難民・移民への支援活動に力を入れることになる。

新総長はアルゼンチン管区における内部対立の後遺症を憂い、CIASの提案を考慮してスウィネン管区長の後任にビクトル・ソルシン神父を指名した（八五年、任期は九一年まで）。ソルシンはベルゴリオの前の管区長オファレルの補佐役で、解放の神学派であった。ソルシン管区長のもとでマクシモ神学院の活動が変更を迫られ始めた八六年に、ベルゴリオは院長の職を全うして辞任する。同年五月に博士論文の準備のためにドイツに向かうが、事実上の国外追放であった。

彼が論文のテーマに選んだのは、イタリア生まれのドイツ人神学者ロマーノ・グアルディーニ（一八八五―一九六八年）研究である。『対照』（一九二五年）、『近代の終末』（一九五〇年）などの著書で知られ、後者で現代の核心問題は権力であると規定した。三九年にナチスに活動を禁止され、第二バチカン公会議で典礼改革に参加した神学者である。ドイツにおける近代世界とカトリック神学の融合につとめ、六二年にエラスムス賞を受賞している。

最初の二カ月間ドイツ語を学んだベルゴリオは、グアルディーニ研究が盛んなフランクフルトのザンクト・ゲオルゲン大学に移動した。しかし望郷の念やみ難く、留学生活半年後に数多くの書籍と資料を抱えて、帰国の途についた。留学中に訪れたアウクスブルクの教会で、一八世紀の絵画「結び目を解くマリア」に出会った彼は強い感銘を受ける。持ち帰ったその絵葉書は複製され、ブエノスアイレスの教会に掲げられた。問題がもつれた時、このマリアに祈るという信仰が国中に広まることになる。

八六年に帰国後、ベルゴリオは博士論文の準備をしながらサルバドル神学院で授業を受け持った。しかし学校運営などをめぐって同僚と対立し、アルゼンチン管区は分極化し孤立する。ベルゴリオは九〇年にコルドバのイエズス会修道院に送られた。国内追放である。聴罪司祭として、また論文の執筆に過ごす不本意な日々であった。

スラムへ——麻薬、対話、対立

転機は一九九二年に訪れた。ベルゴリオの思想と行動に注目していたブエノスアイレス大司教クアラシーノが、大司教区の首座司教を助ける補佐司教の一人に彼を任命し、ヨハネ・パウロ二世の署名を得た。これまでカトリック教会内でアウトサイダー的存在であったベルゴリオは、五五歳にして突如注目を浴びることになる。

しかし彼の司教就任は、イエズス会アルゼンチン管区内に新たな亀裂をもたらした。イエズス会士は個人的野心を抱かず、高位聖職者にならないとの誓願を行っている。したがって司教になることはイエズス会を離れることを意味する。これまでアルゼンチンで司教になったイエズス会士は、ミシオネス州の小教区のスペイン人宣教師のみである（一九八六年）。ベルゴリオは司教になってもイエズス会の建物に住みつづけたので、これを不快とした会士たちの要請で転居を余儀なくされた。ベルゴリオが絶縁状態のイエズス会との関係を修復したのは、教皇に選出されたのちの二〇一三年、聖イグナティウス・デ・ロヨラ記念のミサが契機である。

ブエノスアイレス大司教区のなかでベルゴリオに任されたのは、自身の生地で、最も貧しい南のフローレス地区だった。ブエノスアイレスで最大のスラム街が集中し、ムヒカ神父が殺害され、ヨリオとヤリクスが拉致された地区でもある。秘書を使わず、地下鉄とバスで移動するベルゴリオ司教は一人でスラム街を歩き、住民と言葉を交わし、ともにマテ茶を飲んだ。

アルゼンチンのスラムの歴史は古く、一九三〇年代に遡る。都市化が進んだ五〇年代以降、農村やパラグアイ、ボリビアからの移住者がふえ、スラム司祭たちの活動も活発化する。九六年にスラム司祭たちが新しい高速道路建設に反対するハンストを行った際、ベルゴリオはこれを支援した。道路建設のためスラム街の一部が取り壊されるからだった。冷戦後の世界で、政治的に貧しい人々を優先することは、もはやマルクス主義とはみなされなくなる。

近年、スラムにおける最大の問題は麻薬問題である。アンデス地域で生産されたコカインはメキシコなどを経由して米国に密輸されてきたが、アルゼンチンを経由してヨーロッパに送られる麻薬のかなりの量が、アルゼンチンで消費されるようになった。なかでもコカイン精製後の残りかすなどでつくる合成麻薬パコへの需要が、とくに二〇〇一年の経済危機後急速にふえ、政府の対応が追いつかない状態である。

ベルゴリオはマフィアに抗議し、カルトネロス（ごみあさり）や人身売買反対運動を支援し、売春婦の味方になって一時彼女たちを修道院にかくまった。それは一六世紀にロヨラたちがローマで行ったことでもある。ベルゴリオはムヒカらがつくった「スラムのための司祭グループ」のメンバーを九八年に増員した。二〇〇八年に設けられた「キリストの家」（パコ依存者のための回復センター）では、スポーツ、音楽、教育支援、農場、職業訓練などの活動が盛んだ。

九八年にクアラシーノの死去にともない、イエズス会初のブエノスアイレス大司教に就任したベルゴリオは、大統領官邸に近い瀟洒《しょうしゃ》な公邸に移らず、大司教館内の簡素な住居に留まって、自炊も続けた。二〇〇一年に枢機卿を兼ねることになった時も、衣服を新調せず、前任者が使っていたものを手直しして着たという。

ベルゴリオが大司教に就任した時、大司教区は財政危機と金融スキャンダルの渦中にあった。腐敗の構造は金融機関を介して教会・政界・バチカンに続く霊的かつ世俗的で精巧なネットワークを形成していた。彼は大司教区が保有していた銀行の株を売却することで不適切な関係を断ち、経営の健全な商業銀行に金融資産を委ねることでスキャンダルの解消をはかった。

メネム政権による新自由主義政策、なかでも国営企業の民営化（＝売却）と労働市場の規制緩和は、金融政策と相まって深刻な経済危機を惹き起こした。二〇〇一年には貧しい人々による抗議の道路封鎖、鍋を叩いて抗議するカセラッソなどによってブエノスアイレスは騒乱状態に陥る。教会は野戦病院と化し、ホームレスのために開放された。貧困層の間に浸透、拡大するプロテスタント勢力を意識した政策でもあった。

二〇〇二年に発足したドゥアルデ暫定政権は、危機に対処するためベルゴリオ枢機卿らの助言をもとに「アルゼンチンの対話」を計画する。各界および市民代表に加え、国連と教会（司教）代表が参加して、緊急の問題とその解決に関して二期にわたり討議された。

「対話」は明確な成果を生まなかったが、教会が市民社会の中で新しい公的役割を得る契機となる。二〇〇五―一一年までアルゼンチン司教協議会議長をつとめたベルゴリオのもとで、司教の平等性の原則が守られ、協議会は従来の保守派主導の路線から貧者に寄り添う姿勢に転じた。

反新自由主義と中道左派の結束を掲げるキルチネル政権（ペロン派、夫のネストル二〇〇三―〇七年、夫人のフェルナンデス〇七―一五年）は世俗化を進め、政教関係に緊張を生むことになる。大統領は毎年五月二五日の「国家記念日」（独立運動開始の祝日）にブエノスアイレスのカテドラルで行われる「テ・デウム」（感謝頌）を主宰するのが慣例である。しかし二〇〇四年のテ・デウムでのベルゴリオの説教のなかで、「耐え難い大衆迎合主義」などと暗に批判されたキルチネル大統領は、翌年記念日の式典を他の都市で開催。大司教は大統領不在を理由に首都でのテ・デウムを中止するという、共和国史上初めての事態となった。

すでに一九二一年に強姦による妊娠に限り人工妊娠中絶を法で認めたこの国は、アルフォンシン時代の八七年に教会の反対を押し切って離婚法を制定した。二〇一〇年、フェルナンデス大統領はベルゴリオ枢機卿との激しい対立の末、同性婚法を成立させた。ベルゴリオはのちにラビのスコルカとの対話で、同法を「人類学的後退」と批判している。フェルナンデス大統領との関係が正常化したのは、ベルゴリオの教皇就任以降である。

アルゼンチンを越えて

一九九二年に司教総代理となったベルゴリオは、翌年ローマで開催された世界代表司教会議（シノドス）に出席した。国際舞台への登場である。シノドスは教皇パウロ六世によって一九六七年以来、二、三年ごとにローマで開催されており、世界各地の教会代表によって、地域や教会全体の問題が討議される。九七年末のシノドスのアメリカ（米州）特別会議は、ラテンアメリカにおけるプロテスタントやセクト集団などの拡大を深刻にとらえ、とくにスラムなど大都市周縁部の住民が改宗の対象となっていると警告した。

九八年一月、ベルゴリオは体調不良のクアラシーノに代わり、ヨハネ・パウロ二世のキューバ訪問に同行する予定だった。クアラシーノの容態悪化のため実現しなかったが、数カ月後に小冊子『ヨハネ・パウロ二世とフィデル・カストロの対話』を著した。キューバの民衆《プエブロ》がいかにマルクス主義と新自由主義を拒否する独自の道を歩んだかがテーマである。

二〇〇一年にベルゴリオは枢機卿に叙階され、聖職者省、典礼秘跡省など教皇庁の要職についたため、ローマに向かう機会がふえた。とくにこの年九月のシノドス第一〇回通常総会の総書記をつとめる予定のニューヨーク大司教が、9・11同時多発テロのため急遽帰国。代わって進行役をつとめたベルゴリオの見事な采配ぶりが評価され、米州を代表して「最終メッセージ」起草メンバーに選ばれた。ローマで国際的に認知される機会となった、とルビンは彼との対話の後に記している。

バチカンⅡ以降、ギターや手拍子に合わせて、ラテン語でなく各地の言語で行われるミサを、彼は民衆の心に訴えるものとみてきた。しかし聖職者中心主義的なバチカンの対応に、次第に疑問を抱き始める。「貧しい人々から学べ」が彼の口ぐせであった。彼は司教、司祭、一般信徒が等しい立場で教会運営にあたるべきと信じたのである。

ベルゴリオの名声がさらに高まったのは、二〇〇五年教皇選挙の二年後である。ブラジルのアパレシダ*で二〇〇七年に三週間にわたって開かれた第五回ラテンアメリカ・カリブ司教協議会（CELAM）総会で、交代で行われたミサ説教の後、拍手が鳴りやまなかったのは、ベルゴリオだけだったという。総会の実行委員会議長としてまとめた最終文書のなかで、ラテンアメリカにおける世俗化の進行を遺憾とし、世界で最も格差の大きい地域のなかで取り残されている「貧しい人々のための優先的選択」を強く支持する。これはCELAMのメデジン会議（一九六八年）、プエブラ会議（七九年）の精神を引き継ぐメッセージだった。

＊　アパレシダ（「現れた者」の意）市はサンパウロの北にあり、一七一七年に三人の漁夫の網にマ

リア像がかかり、それに豊漁や病人の治癒を祈禱したのが地名の由来である。アパレシダ大聖堂には聖母の小さな木像が置かれ、ブラジルの守護神となっている。

5　二〇一三年教皇選挙

教皇ベネディクト一六世時代とベルゴリオ

教皇ヨハネ・パウロ二世が二七年に及ぶ治世を二〇〇五年四月に全うすると、バチカンはコンクラーベ（教皇選挙）の季節に入った。しかしこの頃ベルゴリオを非難する秘密のメールが選挙権を持つ枢機卿たちに送られ、ベルゴリオ自身、軍政下の行動を問われて起訴される。起訴は法的に進展しなかったが、秘密のメールと共に、その内容はヨリオとヤリクスの拉致の責任をベルゴリオに求めるものだった。

選挙権を持つ一一五人の枢機卿によって、選挙は守秘義務の誓いのもとに開始された。有力候補として、ヨハネ・パウロ二世の右腕をつとめた教理省（前身は異端審問所）長官のヨゼフ・ラツィンガー、改革派でミラノのカルロ・マルティーニ（イエズス会）、教皇代理のカミロ・ルイーニ、解放の神学に抗したアルゼンチンのホルヘ・ベルゴリオ、ナイジェリアのフランシス・アリンゼなどが注目を集めた。

四月一九日、四回に及ぶ選挙の結果選ばれたのはラッツィンガーで、次点がベルゴリオだった。教皇就任に必要な三分の二の票をラッツィンガーが得られるよう、ベルゴリオが動いたといわれる。秘密厳守の誓いにもかかわらず、選挙プロセスを歴史とみなしたある枢機卿の日記から、得票数など選挙の詳細がのちに明らかになった。

ベネディクト一六世として教皇の座についたラッツィンガーは、学究的な神学者だが「邪教」を取り締まる「神の警察犬」だった。保守主義者として知られ、教皇庁内ではオプス・デイ*などの超保守派の組織が勢力を拡大する。

彼は枢機卿時代の八四年に「ラッツィンガー教書」を公にして、解放の神学のマルクス主義的偏向をきびしく糾弾した。ついでブラジルの代表的解放の神学者レオナルド・ボフ（フランシスコ会司祭）をバチカンで査問して箝口を命じ、現代の「異端審問」とも評されたのである。宗教上の任務を差し止められたボフは環境問題の研究に転じた。後年、ベルゴリオは教皇就任後まもなく、環境問題についての回勅執筆のためボフに協力を求めた。こうして完成したのが後述するフランシスコ教皇の回勅『ラウダート・シ』（二〇一五年）である。

ベネディクト一六世のもとで最初の世界代表司教会議（シノドス）に出席するため、ベルゴリオは二〇〇五年一〇月にローマに戻った。聖体に関するシノドスであったため、再婚した人の聖体拝礼が問題となった。大多数の司教は結婚は無効にできないとしてこの問題に否定的だったが、ベルゴリオはより徹底した議論が必要と考えた。シノドスの評議会議長に選出されたベルゴリオは、翌月帰国するとアルゼンチン司教協議会議長に選出される。二〇〇八年に再選され、一一年まで議長をつとめた。民政移管後司教団内では穏健派がふえ、「民衆の神学」への理解も深まり、教会が市民社会に受容されはじめる。

新教皇に対するベルゴリオの不信感は、二〇〇六年に教皇が祖国ドイツのレーゲンスブルク大学で行った講話から始まった。講話のなかで教皇はイスラム教について東ローマ皇帝マヌエル二世の「ムハンマドは剣によって信仰を広めよと命じた」との扇動的な言葉を引用して、世界のイスラム教徒から強い反発を受けた。

かねてから宗教間・宗派間対話を進めていたベルゴリオは、直ちに宗教間会議を招集した。アルゼンチンにおける異宗教・異宗派間対話は、二〇〇一年の経済危機後に開かれた「アルゼンチンの対話」に起源が求められる。この時の宗教代表はカトリック教会だったが、大司教枢機卿に就任したベルゴリオを中心に、イスラム教、ユダヤ教、プロテスタント（福音派、ペンテコステ派など）との交流が始まる。

アルゼンチンのアラブ人はシリア（メネム大統領の父親のように）とレバノンからの移民が多い。イスラム教との対話はイスラム・センターの理事アデル・マデとの交流、モスクやイスラム学校訪問を通じて行われた。ラテンアメリカ最大の人口を擁するアルゼンチンのユダヤ人は、「ルソ」（ロシア人）と称された東欧系のアシュケナジムが中心だが、軍政期から経済危機時代にイスラエルへの移住者がふえた。ベルゴリオとユダヤ教のラビ、アブラハム・スコルカとの交流は、九〇年代の五月革命記念日のテ・デウムにスコルカがユダヤ教徒代表として出席して以来である。大司教とラビとの対話集はのちに『天と地の上で』（二〇一〇年、邦訳二〇一四年）として出版される。五月二五日のテ・デウムに宗教界代表を招くとともに、ベルゴリオは個人的交流を深め、東方正教会、プロテスタント諸派などとの対話を進めた。さらにイスラム教指導者を迎えて、諸宗教対話研究所を設立する。

ベネディクト一六世時代には、聖職者による未成年者への性的虐待や、バチカン銀行（宗教事業協会）の汚職が顕著になり、教皇宛ての告発文書が漏れる「バチリーク・スキャンダル」などが相次いだ。また避妊や妊娠中絶・同性婚など性をめぐる問題も深刻化し、世俗国家の多くが、これらすべてを合法化する傾向にある。

＊　オプス・デイはスペインのホセ・マリア・エスクリバ神父によって一九二八年に設立された組織で、「神の御業《みわざ》」を意味する。職業を通して使徒職への献身をめざし、内乱後のフランコ体制（一

九三九—七五年）の内部に浸透し、テクノクラート（技術官僚）として権威主義体制下の経済発展を支えた。ラテンアメリカ各地で、解放の神学派に対抗する強力な組織を持つ。

教皇フランシスコの誕生

二〇一三年二月一一日、ベネディクト一六世は「高齢ゆえに聖ペテロの奉仕職を続ける力がないという結論に至りました」と述べ、二月末日に退位すると宣言した。教皇の地位は基本的には終身制である。生前退位の例は一四一五年のグレゴリウス一二世以来六〇〇年ぶり、自発的退位は一二九四年のケレスティヌス五世の退位以来七一九年ぶりで、史上二人目である。

突然の退位表明は驚きをもって受けとめられた。バチカンのスキャンダルや性道徳の問題に、伝統的神学の専門家が対処できなくなったとみられる。教会再建には新しいリーダーシップが必要との認識からの退位であった。退位以後は名誉教皇の称号のもとで、バチカン内の隠棲修道院マーテル・エクレジェに居住することになる（但し改装中のため退位直後の二カ月は、ローマ郊外の避暑用の教皇公邸に滞在）。

教皇選挙の開始日は枢機卿会議で二〇一三年三月一二日と決まり、八〇歳未満の枢機卿一一七名中、一一五名が選挙に参加した。その内訳はヨーロッパ六〇名、中南米一九名、北米一四名、アフリカ一一名、アジア一〇名、オセアニア一名で、ヨーロッパ勢が圧倒的多数を占め、うちイタリア人が四分の一を数える。

バチカンが送ったファースト・クラスの航空券を断わって、ベルゴリオはエコノミー・クラスでローマに到着し、コンクラーベに臨んだ。当初、メディアが挙げた有力候補者リストのなかにベルゴリオの名はなかった。しかし枢機卿たちの間で次第に「バチカンと教会のひどい混乱と腐敗を一掃するには、バチカンの部外者が求められている」という合意が生まれる。

また最後の枢機卿会議で、(ベネディクト一六世のもとで国務長官をつとめた)タルジオ・ベルトーネ枢機卿がバチカン銀行に関する説明を行った際、出席者は納得せず、混乱となった。各枢機卿に割り当てられた五分よりも短いベルゴリオのスピーチが、出席者に共鳴と衝撃を惹き起こした。「教会が伝える良い知らせは辺境(地理的辺境を超える)に届くべきであり、教会は〝月の神秘〟であるはず(自分自身を超える)——権力争いや出世主義を超えるべき」という趣旨の内容である。

翌三月一三日午後の第五回投票でベルゴリオは三分の二を上回る九〇票を獲得、システィナ礼拝堂の煙突から白煙が上がった。第二六六代教皇の誕生である。貧しい人々に尽くし、宗教間対話の先駆者でもあるアッシジの聖フランシスコ*の名を選んだ教皇は、サン・

ピエトロ広場のバルコニーから群衆にイタリア語で語りかけた。枢機卿たちが世界の果てまで駆けめぐって私を見つけたと述べ、司教と信者に旅を始めようと促した。カトリック教会はもはやヨーロッパのものではなく世界のものであり、その中心は信者にあり、その祈りが教会刷新を生むとの信念が込められていた。風は南から吹きはじめたのだ。

世界のカトリック人口の半数を占めるラテンアメリカ出身という出自に加えて、イエズス会士教皇の出現も史上初めてである。イエズス会の歴史が一六世紀に遡ることを想起すれば、むしろ何故これまでイエズス会出身の教皇が出現しなかったのか、不思議だ。

「教皇の精鋭部隊」であるイエズス会は探求心旺盛な修道会だが、神秘主義、エリート主義などと批判され、解散（一七七三―一八一四年）の憂き目にも遭った。創設者ロヨラの規範に則って、近年まで司教以上の高位聖職につくことはなく、イエズス会総長が最高位のポストだった。司教以上に叙階されることとは、イエズス会を離れることを意味する。

冷戦期に、バチカンⅡを背景にイエズス会はマルキストとの対話を呼びかけた。さらに解放の神学路線を選択したイエズス会に対するバチカンの反発と警戒は強く、とくに教皇ヨハネ・パウロ二世とラツィンガー枢機卿（のちのベネディクト一六世）はイエズス会にきびしい態度で臨んだ。「解放の神学」に抵抗し、あらゆるイデオロギーにかなりの不信感を抱いていたベルゴリオは、イタリア系という出自もあって、バチカンから安心して迎えられたとみられる。しかし、貧しく抑圧された民衆の解放こそ神学最大の課題であるという解放の神学のテーマは、イデオロギー対立時代の終焉後の現在も改めて問われている課題である。熾烈な軍政時代を生きぬいた優れた戦略家でもある新教皇は、その挑戦に応える存在であろう。

＊ 本名はジョバンニ・フランチェスコ・ベルナルドーネ（一一八一？—一二二六年）。中部イタリア、アッシジの富裕な織物商の家に生まれるが、戦いの捕虜や大病を経験して回心。一二〇九年に弟子たちの集団から「小さき兄弟たちの修道会」（フランシスコ会）が生まれ、モロッコや中東にも布教した。教皇イノセント三世の第五次十字軍への協力要請を無視して、エジプトのスルタンに会いに行ったという。晩年盲目となり、聖痕（磔刑のキリストが受けた傷）を身に受けた。「小鳥への説教」の絵などで知られるように、愛、環境、平和を体現する聖人。

本章では、イタリア移民の息子が熾烈な軍政期に重責を負いつつ、いかに多難な道をたどって教皇に選出されたかを見てきた。新教皇が山積する課題にどのように取り組んでいるかを検討する前に、新教皇を迎えた教皇庁の思想と政策を、とくに近現代を中心に検討する。

第三章　バチカンの動向

教皇ヨハネ23世（132-137頁参照）

1　ローマ教皇庁とバチカン市国

バチカンの構造と機能

ローマ市内を流れるテベレ川右岸に広がる世界最小（四四ヘクタール）の独立国バチカン市国は、カトリック教会という宗教組織の総本山であるローマ教皇庁（国連では聖座が正式名）でもある。バチカンは世界最古のトランスナショナルなアクターで、一七九カ国（二〇一五年）と外交代表を交換し、国際政治に積極的に参画してきた。国際法上の人格を認められているので、一九六四年以降、国連のオブザーバー国となり（ただし、中立維持のため投票権は持たない）、核不拡散条約（NPT）など多くの条約にも調印している。

バチカンは世界最大の非政府官僚機構を有し、全世界を地域単位（教区）に分割し、教皇―枢機卿―大司教―司教―司祭―助祭―信徒に連なる垂直的叙階構造（ヒエラルキー）を特徴とする。その政策伝達パターンは、教皇レベルで広範な政策が立案され、ヒエラルキーを通じて下に下される。一方でバチカンは国際的な人脈と情報収集網に加え、地域に密着した教区を通して豊富な情報を吸い上げ、政策決定の手がかりとしてきた。

カトリック教会の頂点に立つローマ教皇は、ローマ司教、キリストの代理人、使徒ペテロの後継者、イタリア首座大司教、バチカン市国元首などの肩書を持つ。八世紀中葉まではシリアやアフリカ出身の教皇も出現したが、以後はヨーロッパ、なかでもイタリア人が多い。

前近代のバチカン

西アジアのパレスチナのユダヤ教社会から生まれたキリスト教は、四世紀末にローマ帝国の国教となった。ローマ司教は使徒ペテロの後継者を自認し、教皇と尊称される。しかし一一世紀半ばに東方正教会と袂を分かったローマ・カトリック教会は、巡礼地（エルサレムなど）をめぐるイスラム教徒との争いから、間歇的《かんけつてき》ながら二世紀近い戦争（十字軍）を経験する。神聖ローマ帝国における高位聖職者の任命権をめぐる「叙任権闘争」は、王権に対する教皇権の優越を示すものだった。一二世紀末に開始された異端審問はイデオロギー的統一による教皇権の強大化をめざした。しかし教皇の絶対権と絶対的神から人間を解放するヒューマニズムの思想は、ルネサンスと宗教改革を生み、ヨーロッパ世界を拡大させた。

コロンブスが新大陸に到着すると（一四九二年）、教皇アレクサンデル六世はその二年後のトルデシーリャス条約によって、世界をスペイン領とポルトガル領に分割する構想をたてた。トリエント公会議(一五四五―六三年)がプロテスタントに対抗してカトリック教会の正統性を確認したその半世紀前から、ラテンアメリカのカトリック化が開始される。ヨーロッパ・カトリシズムが宗教改革で失った失地を新大陸でとりかえすべく、伝道修道士が相次いで派遣された。

ヨーロッパの新・旧キリスト教国を巻き込んだ三十年戦争の後のウエストファリア条約(一六四八年)は、国際条約の端緒となるが、カトリックとプロテスタントの両宗派に同等の権利を認めた。バチカンの権威は失墜し、近代化への対応に迫られることになる。

2　近代化への抵抗

フランス革命の衝撃

一七八九年に始まったフランス革命は、自由・平等・博愛のスローガンのもとに政教分離を実現し、教会資産を国有化する。ローマに進軍したナポレオンはローマ共和国を設立

(一七九八年)、教皇ピオ六世(在位一七七五—九九年)をフランスに連れ去った。教皇領をフランス軍に占拠された教皇ピオ七世(一八〇〇—二三年)は、ナポレオンと一八〇一年に政教条約を結んで妥協をはかった。政教条約(コンコルダート)は、バチカンと国家との間で国際条約を結ぶという外交的手続きのもとに、カトリック教会の権利の保障をめざすものである。教皇がコンサルビ国務長官の尽力によって教皇領のほとんどを回復したのは、ナポレオン敗北後のウィーン会議(一八一四—一五年)ののちとなる。

フランス革命の理念に共鳴したカリブ海のフランス植民地ハイチの反乱(一七九一年)は、西半球のスペイン植民地をゆるがし、独立運動を促した(一八一〇—二四年)。ナポレオンに追われたポルトガル皇帝が落ちのびたブラジルは、平和裡に独立を遂げる(一八二二年)。独立後、新興ラテンアメリカ諸国はバチカンに独立の承認を求めた。スペインと神聖同盟の意向を尊重するバチカンは、一八二五年にブラジルを承認したものの、旧スペイン系諸国との関係が正常化したのは、自由主義派によるきびしい反教権時代が終息した一八七〇年代以降である。

ピオ七世に続く三人の教皇(レオ一二世、ピオ八世、ピオ九世)の治世は、教権の拡大をはかる超保守的時代であった。ただしピオ九世(一八四六—七八年)は当初、近代化のシンボルである鉄道の敷設を認め、出版検閲法を緩和して広範な支持を得た。穏健リベラルな教皇が強硬保守派に転じた背景には、フランス二月革命（一八四八年）に端を発するヨーロッパ諸国の革命が自由主義とナショナリズムの運動に発展し、イタリア王国が誕生したものの（一八六一年）、イタリア王国軍がローマ（教皇領）を占領したからである（一八七〇年）。

この間、ピオ九世は「誤謬表」を公布して、フランス革命以降の近代世界を否定する。同表は一八六四年の回勅『クアンタ・クーラ』の付属文書で、このなかで自由主義・社会主義・共産主義などに加えて、汎神論・宗教的寛容・政教分離など八〇項目が断罪された。K・マルクスとF・エンゲルスによる『共産党宣言』（一八四八年）などへの警戒感が読み取れる。第一バチカン公会議（一八六九―七〇年）はこの誤謬表を再確認し、教皇の不可謬性と教皇至上主義を宣言した。

ついで教皇レオ一三世（一八七八―一九〇三年）も、一八八五年の回勅においてリベラリズムとデモクラシーを非難する。カトリック思想にみられる自由主義と民主主義への不信感は、君主制を最高の政治形態とみなすアリストテレス的社会観を継承したもので、一三世紀のトマス・アクィナスの思想に由来する。近代化へのバチカンの抵抗は根強く、ピオ一〇世（一九〇三―一四年）も一九〇七年の回勅で近代化を否定している。

ところで、レオ一三世の回勅『レールム・ノヴァルム――労働者の境遇について』（一八九一年）は、産業革命の進展にともない少数者に富が集中した結果、「無数のプロレタリアは、ほとんど奴隷的なくびきを強制されるようになった」と憂慮し、社会主義に対抗して労働者の組織化と国家の協力（干渉）を求めるものであった。カトリック社会教義の先駆となったこの回勅は、工業化の黎明期にあったラテンアメリカの労働界にもインパクトを与え、メキシコ、アルゼンチンで教会主導の労使協調的（コーポラティブな）組合が結成される。レオ一三世が開始したカトリック・アクションは、バチカンの指導のもとに平信徒を社会問題に関与させる組織で、ヨーロッパでは教皇絶対主義を強化するものとなったが、ラテンアメリカでは信徒の活動の活性化を促した。

ロシア革命とファシズムの台頭

第一次大戦勃発直後に教皇となったベネディクト一五世（一九一四―二二年）は中立政策をとり、軍縮などを内容とする「七項目の和平条約」を参戦国に提示、積極的外交を展開した。ウィルソン米国大統領の「平和に関する一四カ条」はこれを発展させたものとみられる。同教皇が憂慮したのは、この時期のオスマン・トルコ領をめぐるイギリスの三枚舌外交*で、教皇はエルサレムの共同管理を主張する。

就任間もないベネディクト一五世は一九一〇年に起きたメキシコ革命における教会迫害

を回勅（一九一四年）で訴えたが、ロシア革命（一九一七年—）当初には、ロシアのカトリック教徒の権利を守るため革命政権と暫定協定を結んだ。教皇は東欧地域の教皇巡察使に、のちに教皇ピオ一一世となるA・ラッティを任命してロシアの共産主義政権とのパイプ役とし、バチカンの「東方政策」を支えることになる。一七年には東方教会聖省と東方学研究所がバチカンに設けられた。

第一次世界大戦とロシア革命を機に本格化したバチカン外交は、教皇ピオ一一世（一九二二—三九年）の時代にファシズムとの対応を迫られる。しかしファシズムに対するバチカンの姿勢はあいまいなものであった。一九二二年にローマに進軍して権力を奪取したムッソリーニと二九年にラテラノ条約を結んで、教皇庁の主権を回復する（バチカン市国成立）。五世紀に及ぶバチカンと国民国家の戦いに終止符が打たれ、カトリックはイタリアの国教とされ、教会内におけるムッソリーニの威信を高めた。

『レールム・ノヴァルム』公布四〇周年に公にされた回勅『クアドラゼジモ・アンノ—社会秩序の再建』（一九三一年）において、ピオ一一世はコーポラティズム（協調組合国家主義）にもとづく職能団体秩序の再建を提唱したが、これはファシスト政権に採用され、カトリシズムとファシズムの社会思想における境界線を不明瞭なものにした。有機体的国家観に基づくコーポラティズムでは、多元主義を否定してトップの利益集団が政策決定を行う体制だが、この回勅はヴァルガス期のブラジルでカトリック系労働運動を活性化させることになる。

ドイツでA・ヒトラーが一九三三年に首相になると、第三帝国内のカトリックの権利を守るため、バチカンとドイツは政教条約を結ぶ。しかしナチスは次第に条約を無視して、カトリック教会への攻撃を強めたため、教皇は回勅『ミット・ブレンネンデル・ゾルゲ』（一九三七年）でその非人道的行動を非難し、反ナチズムの姿勢を明らかにした。

同年、ピオ一一世は回勅『ディヴィニ・レデンプトリス――無神的共産主義』を公にし、ロシアにおける二〇年代末の反宗教政策と三〇年代のスターリンによる弾圧に抗議する。教皇が非難したのはロシアだけではなく、革命中のメキシコとスペイン内乱における社会主義理論が生み出したキリスト教迫害だった。教皇は教皇庁ロシア研究所（二九年）とロシア委員会（二〇年）を設立して、司牧外交からの転換をはかった。

＊　パレスチナにアラブ人の国家樹立を約したフセイン・マクマホン協定（一九一五―一六年）、イギリス、フランスによる中東分割案―サイクス・ピコ協定（一九一六年）、パレスチナにユダヤ人国家建設を約したバルフォア外相による宣言（一九一七年）を指す。

第二次世界大戦から冷戦へ

一九三九年、ナチス・ドイツがポーランドに侵攻して第二次世界大戦が始まる半年前に、ピオ一二世は教皇に即位した（在位―五八年。本名、エウジェニオ・パチェッリ）。聖職者を輩出した貴族の出身で、法律家としてバチカンに入り、ドイツ内の諸州と政教条約を締結する。一九三〇年に国務長官となり、東欧および南米諸国との政教条約交渉にあたった。

大戦に際して教皇は中立を宣言するが、バチカンはソ連共産主義とその組織コミンテルンを最大の脅威とし、ファシズムとナチズムを共産主義に対する防波堤とみなした。満州でソ連と対立していた日本に対し、バチカンは一九三四年に満州国を承認する。日独伊防共協定が成立する三年前のことである。

教皇はヒトラーのユダヤ人迫害に沈黙を守ったが、ナチス親衛隊がローマのユダヤ人ゲットーを襲ったとき、バチカン市国のカトリック施設にユダヤ人を匿った。しかしホロコースト（ユダヤ人大虐殺）の多数の責任者たちが戦後ローマを経て南米に渡った背後には、バチカンに関係する組織が介在したといわれる。

第二次大戦の帰趨が明らかになった一九四四年末、ピオ一二世は民主主義を擁護するクリスマス・メッセージを発表、反共十字軍的姿勢の教皇は戦後米国に急接近する。プロテスタントの米国は反教権意識が強く、政府はバチカンに警戒的だったが、すでに一九三〇年代以降反共主義の立場からカトリック・ロビーが活躍していた。ニューヨークのフランシス・スペルマン枢機卿とJ・マッカーシー上院議員に代表される米国の反共主義的政教関係を、教皇は高く評価した。他方で鉄のカーテンのかなたに入った東欧の教会を「沈黙を守る教会」とみなし、孤立を強いる結果を招いた。

第二次大戦後、ラテンアメリカにおけるバチカンの活動は活発になる。世界最大のカトリック人口を擁しながら、教会の人材・財政が乏しく、世俗左翼勢力が強力なこの地域の組織化が急務となった。ピオ一二世がブラジルのリオデジャネイロで一九五五年に開催した国際聖体大会が契機となり、布教推進を目的とするラテンアメリカ司教協議会（CELAM）が誕生する。共産主義とプロテスタントに先んじて社会政策をすすめること、聖職者の養成、農民や学生への働きかけが奨励された。CELAMをモデルに、のちにヨーロッパ、アジア、アフリカでも同様の組織が結成される。

3　ヨハネ二三世とカトリック世界の現代化

東西緊張緩和へ

一九五八年一〇月、ヨハネ二三世（在位一九五八―六三年）が七六歳で教皇に就任して第二バチカン公会議を開催し、カトリック世界は新しい時代を迎えた。冷戦のイデオロギー的リーダーの役割を果たしてきたバチカンは、新教皇の登場を契機に東西の緊張緩和へと政策転換をはかる。教皇至上主義と共産主義対決路線からの決別である。

一八八一年に北イタリア、ベルガモの貧しくも敬虔な農家に生まれたアンジェロ・ジュゼッペ・ロンカリは、一九〇四年に司祭に叙階された。戦間期から第二次大戦中にかけてブルガリア、トルコ、ギリシャの教皇使節に任ぜられる。東方における長い布教経験は、グローバルな仲介者としての老教皇のビジョンを育んだ。なかでも一九四三年のロンカリとイスタンブール駐在のソ連領事イバノフとの捕虜交換交渉は、六〇年代から本格化するバチカンの東方政策につながるものであろう。また四四―五五年にフランス教皇大使をつとめ、労働者と共に働きながら布教する労働司祭やリベラルな新神学の動きにふれた。

教皇就任間もない一九六一年五月に出された回勅『マーテル・エト・マジストラ――キリスト教の教えに照らしてみた社会問題の最近の発展について』は、民主主義と多元的社会の側に教会が立つことを示す内容で、のちの第二バチカン公会議の決定を示唆するものだった。回勅『レールム・ノヴァルム』公布七〇周年を記念するこの回勅の後半では、「経済発展を異にする諸国民間の関係についての正義の要求」として南北問題に言及し、先進諸国は南北問題に真剣に取り組み、教会は貧しい国の援助に寄与すべきであると主張する。

南の世界のなかでもバチカンの関心が高かったラテンアメリカの教会に対する支援は、六〇年代に強化される。ヨハネ二三世は六〇年に欧米の宗教指導者に対し、一〇年間に聖職者の一割をラテンアメリカに送るよう呼びかけ、主に米国の司教たちがこれに応えて、カトリック版「進歩のための同盟」事業に着手する。しかしバチカンのこのトランスナショナルな政策は、先進国の資本と人材への依存がラテンアメリカの「精神的植民地化」の危険をもたらすとの批判も生んだ。

一九六二年一〇月、第二バチカン公会議開催直後に起きたキューバ・ミサイル危機は、バチカンの危機感を高めた。米ソ対決による全面核戦争を回避するため、カトリックのケネディ米国大統領に仲介役を求められた教皇は、教皇庁内の協力を得てフルシチョフ・ソ連共産党書記長宛てのメッセージを作成。ローマ駐在ソ連大使を介して、二日後メッセージはソ連共産党機関紙『プラウダ』の第一面に掲載される。自身が世を去る二カ月前に公布された回勅『パーチェム・イン・テリス――地上の平和』は、地上のすべての人々に平和を呼びかける書簡で、キューバ危機へのこの介入が執筆の動機となった公的遺言書である。軍備廃絶や国連を中心とする世界共同体構想など、のちの第二バチカン公会議の平和構想の基礎となっている。従来の教皇が禁じた共産主義諸国との直接交渉が進められ、東の信者の地位向上がはかられる。

第二バチカン公会議の開催

カトリック教会が三二五年に第一回のニケーア公会議を開いて以降、第二バチカン公会議は二一回目の公会議である。第一バチカン公会議はピオ九世によって一八六九年に開かれたが、翌年中断されたため、それに続く第二バチカン公会議（バチカンII、一九六二―六五年）と称される。ヨハネ二三世は就任三カ月で開催を決意したが、六三年に没したので、会議はパウロ六世に引き継がれた。これまでの護教的態度を捨てて教会の現代化（アジョルナメント）をめざしたこの会議は、カトリック教会がようやく反宗教改革の時代を脱したことを意味する。またカトリック教会の主要関心事が国家から社会へと変容する契機ともなった。

一九六二年一月一一日にサンピエトロ大聖堂で開かれた公会議には、投票権を持つ二、五四〇人（ほとんどは司教）が世界から参加した（うち四分の一がラテンアメリカ代表。第一バチカン公会議では九〇%がヨーロッパ代表）。他に数百人の顧問神学者、東方の諸教会、聖公会、プロテスタント諸教会の代表が加わった。

会議は六二―六五年に四会期（毎年九―一二月頃まで四期）にわたって開かれ、四つの憲章、九つの教令、三つの宣言が発表される。そのために一〇の準備委員会がたち上げられ、そのなかでは保守派とリベラル派の対立がみられたが、次第に後者（新神学派）が主導権を握った。会議の議題は大きく分けて三つあり、それぞれ教会内の問題を扱った「教会憲章」、カトリック以外の信仰の自由を認めた「信教の自由に関する宣言」、教会と現代社会をテーマとする「現代世界憲章」にまとめられる。

最初の教会内の改革としては、地域の独自性を尊重して、ミサ典礼に従来のラテン語に代えて各国の言語の使用や民族音楽の導入を認めたため、ギター伴奏のフォーク・ミサも行われるようになる。また信徒の役割の強化、独身制の緩和などを内容とし、「支配する教会」から「仕える教会へ」という自己改革をめざす。

信教の自由に関して、バチカンはこれまで競ってきた東方正教会やプロテスタントなどとの再一致*（エキュメニズム）をはかり、信教の自由を認めた。カトリック大陸ラテンアメリカやアフリカにおけるプロテスタントの伸長が著しい現状を無視できなくなった背景がある。バチカンはカトリック教会こそが真理の唯一の体現者であり、国家も教会に従属すべきと見なしてきたが、この公会議で「信教の自由に関する宣言」が圧倒的多数で承認されたことは、カトリック教会が自らを相対化したことを意味する。なかでも「優れた諸価値を持つイスラム教を尊重する」一方で、キリスト受難の責任をユダヤ人に負わせてはならないとの指摘は重要であろう。

最も長く激しい論争を経てまとめられたのが、世俗世界の政治的・経済的変化に対応して教会の方向転換を求めた「現代世界憲章」である。「現代人の喜びと希望、悲しみと苦しみ、特に貧しい人々とすべて苦しんでいる人々のものは、キリストの弟子たちの喜びと希望、悲しみと苦しみでもある」で始まるこの憲章において、近代カトリシズム思想にみられた民主主義への不信感は払拭され、全体主義や独裁主義の政治は非人間的であるとして否定された。さらに「平和の推進と国際共同体の促進」と題して、化学兵器（核兵器を含む）の均衡による平和を危険視して軍備の撤廃を主張するとともに、開発途上諸国を援助することは先進国の重大な義務であるとされ、経済・社会面での早急な構造改革の必要を認める。

この第二バチカン公会議は、東西緊張緩和を背景に多元化する国際社会において、キリスト教世界の再建をめざす教皇庁の意図の現れである。第二次大戦後の政治的多元主義、宗教的寛容、植民地独立の権利を擁護し、「二〇世紀に追いつくこと」を志して、教会が自ら変貌しつつ新しい教義と政策を生み出した。「民主主義のチャンピオン」「平和の旗手」というイメージを強調し始めたバチカンは、ベトナム和平、中東問題にも積極的に発言し、やがて冷戦体制崩壊に少なからぬ役割を果たすことになる。

＊　一九四八年にプロテスタント主導の「世界教会協議会」（WCC）が結成され、六一年にはロシアおよび東欧の正教会が加盟、ローマ・カトリック教会が加わったのはバチカンII以降である。

4　パウロ六世の南北問題への関心

回勅『ポプロールム・プログレシオ』

ヨハネ二三世の遺志を継いで第二バチカン公会議を完遂させた教皇パウロ六世（在位一九六三―七八年）は、北イタリアの貴族出身のモンティーニ枢機卿であった。初めて飛行機で移動した教皇で、その足跡は南米、アフリカ、パレスチナ、インドなど五大陸、十数カ国に及ぶ。パウロ六世は前教皇からリベラルな改革路線を受け継いだものの、かなり慎重だった。

一九六七年に公布した回勅『ポプロールム・プログレシオ――諸民族の進歩推進について』のなかで、「天に向かって叫びをあげるほど不正義な状況」が南の世界に存在していると指摘し、『マーテル・エト・マジストラ』でもふれられた南北問題に関するバチカンの見解を展開する。階級闘争を批判しつつ自由資本主義の非人間性を嘆き、先進国が開発途上国を支援するため、軍事費の一部を割いて世界基金を創設する提案を行った。すでに六六年には教皇庁内に「正義と平和委員会」が設立され、国連の『世界人権宣言』二五周年の一九七五年に同委員会は『教会と人権』を公布。発展途上地域の人権と社会正義の擁護に大きな役割を果たすことになる。

回勅『レールム・ノヴァルム』公布八〇周年を迎えた一九七一年には、教皇書簡『オクトジェジマ・アドヴェニエンス』において、社会問題を世界規模で解決するためのキリスト者の役割が検討されている。これまでの社会回勅において、先進諸国の国内周縁部（労働者の貧困）に集中していたカトリック中枢部の関心が、南北問題がクローズアップされはじめた六〇年代以降、国際的周縁部（途上国の貧困）に移行したことを物語る。

バチカンのこの意図は、ラテンアメリカで芽生えた「解放の神学」の流れを加速する。

キューバ革命への反革命として南米をおおった軍政化の波に抵抗したのが、解放の神学でもあった。一九六八年八月、パウロ六世を迎えて第二回CELAM総会が南米コロンビアのメデジン市で開かれた。第二バチカン公会議の理念をラテンアメリカに適用すべく開催されたこの会議の宣言は、教会が貧者の側に立つという解放の神学の理念を正統化したが、バチカンとラテンアメリカの教会内の保守派の危機感をあおることになる。

しかしこの六八年に公表された回勅『フマーネ・ヴィテ——適正な産児の調整について』（原題は『人間の生命』）では、人為的避妊は罪悪であるとして従来の教義を再確認し、公会議路線を部分的に否定する神学的保守の面も見せた。

当時国際的に注目されていたのはベトナム戦争だが、東南アジアでフイリピンに次ぐ規模のカトリック教徒を擁するベトナム（もとフランス領）の情勢を、バチカンは座視できなかった。教皇を仲介役とする米国と北ベトナムの交渉が、一九七三年のパリ協定に貢献したとみられる。

東方政策の推進

パウロ六世は南北関係のみならず、東西関係の改革にも意欲的であった。一九六五年にはギリシャ正教会のコンスタンティノープル総主教アテナゴラスとともに、一〇五四年以来続いていた東西教会の相互破門宣告を取り消し、バチカンIIのエキュメニズムを実践した。一方バチカン内ではA・カザロリ（外務評議会委員長、七九年以降は国務長官）を通じて東方関係の改善につとめ、西ドイツのブラント首相（在任一九六九―七四年）の東方政策に歩調をあわせる。

一九六四年にハンガリーと宗教協定を結んだバチカンは、二年後にユーゴスラビアと国交正常化を果たした。六五年に教皇が国連を訪問した際、ソ連のグロムイコ外相が会見を求め、のち同外相は数回バチカンを訪問する。核拡散防止条約に調印し、ベトナム戦争終結に仲介役を果たしたバチカンは、七五年にヘルシンキで行われた「全欧州安全保障協力会議」（CSCE）を主導する。ヘルシンキ宣言に「信教の自由と人権」を挿入させたバチカンは、冷戦時代の東西対話に道義的立場から関与する姿勢を示したのだった。

七八年八月、教皇ヨハネ・パウロ一世がパウロ六世の後を継いだ。しかしこの新教皇は、三三日間の在位ののち病弱のため急逝したので、さまざまな憶測を呼んだ。

5 冷戦終焉の立役者、ヨハネ・パウロ二世

「遠くの赤い国から来た教皇」

第二六四代ローマ教皇となったヨハネ・パウロ二世（在位一九七八―二〇〇五年）は、史上初のポーランド出身で、非イタリア人としては四五六年前のオランダ人教皇以来である。元クラクフ大司教で頑強な反共主義者である新教皇の登場は、バチカンがヨハネ二三世とパウロ六世に代表される平和共存路線に終止符を打ったことを意味する。ソ連のアフガニスタン侵攻（七九年）に始まる新冷戦時代に、新教皇は社会主義圏の脱社会主義化を含むグローバルな教会再統一を志した。

一九二〇年、クラクフ近郊で退役軍人の父と教師の母のもとに生まれたカロル・ヴォイティワは、少年期に母と唯一の兄に先立たれた。奨学金を得て高校に進学、サッカーやスキーなどのスポーツに打ち込み、文学に親しむ演劇青年でもあった。三八年にクラクフ大学哲学科に進むが、ポーランドを占領したナチスによって大学が閉鎖される。強制収容所送りを避けるため、石切り場で働きはじめたころ父が病没。四三年に聖職者になる決意で非合法の地下神学校に入学、四六年に司祭に叙階されローマの神学大学に留学、二年後に博士号を取得してクラクフの教区司祭に赴任した。

ポーランドでは共産党（統一労働者党）政権のもとで教会への弾圧が強まり、ワルシャワ大司教ヴィシンスキー枢機卿らは数回逮捕される。当局の監視のもとにあったヴォイティワは、クラクフの補佐司教を経て第二バチカン公会議に司教として参加、「信教の自由に関する宣言」「現代世界憲章」の草案作成に尽力した。ついでクラクフ大司教を経て、六七年に枢機卿に任ぜられる。

東方政策と復古計画

バチカンの東方政策はヨハネ・パウロ二世の登場によって本格化した。ポーランドに対する教皇の積極的な働きかけに呼応する反体制的カトリック勢力の高揚——レフ・ワレサが率いる自主管理労組「連帯」へのテコ入れと体制の亀裂の拡大——は、東欧内部から宗教によってソ連社会主義体制を崩壊させる(一九八九年)契機となった(詳しくは第五章を参照)。

ヨハネ・パウロ二世が教皇就任後最初に訪れたのはメキシコである(七九年初頭)。新教皇臨席のもとプエブラ市で開かれた第三回CELAM(ラテンアメリカ司教協議会)では、保守派と解放の神学派の対立が激化した。新冷戦期には南米の軍事政権が政治の舞台から撤退しはじめ、中米における革命と反革命が米ソの代理戦争化する。なかでもニカラグアのサンディニスタ政権に参画した四人の解放の神学者に対するヨハネ・パウロ二世のきびしい政策は、米国のレーガン政権の中米政策を支援するものとなった（第五章参照）。同教皇が教理長官に任命したラツィンガー枢機卿は、解放の神学をマルクス主義と暴力の問題に結びつけ糾弾した。解放の神学に対する教皇のきびしい姿勢は、キリスト教と不可避的に対立するマルクス主義を排除するという対ポーランド政策と一致する。

バチカンII（第二バチカン公会議）によって揺らいだヒエラルキーの規律と統制を回復し、バチカンの中央集権的権威と正統性の再建が急務となる。第二の福音伝道―再キリスト教化をめざすこの復古計画は、教皇とラツィンガー枢機卿を中心に進められ、新保守主義的な組織や運動を活性化した。イタリアの「共生と解放」、スペインの「オプス・デイ」、ペンテコステ派の影響を受けた「カリスマ刷新運動」（第六章参照）など、カトリック原理主義運動が無視できない勢力となり、解放の神学派は排除される。

二六年余に及ぶ在任中、ヨハネ・パウロ二世はソ連・中国などを除く数多くの国々を訪れ、「空飛ぶ聖座」と称された。日本を訪れたただ一人の教皇でもある（一九八一年）。この年の五月、日本から帰国間もない教皇はバチカンのサンピエトロ広場でトルコ人の青年に狙撃されて重傷を負ったが、彼を許した（和解をとげた）といわれる。十数カ国語に通じ、気さくな人柄で、グローバル時代を象徴する教皇だった。

6 「正統主義の番人」ベネディクト一六世

ラツィンガー「甲冑」枢機卿

ヨーロッパの反近代・現代の間をゆれ動いてきたバチカンは、二一世紀初頭に登場した教皇ベネディクト一六世（二〇〇五―一三年）によって、教義の正統化をめざす反近代化路線――キリスト教的ヨーロッパ――に押し戻された。ドイツ出身の教皇としては史上八人目である。

ヨゼフ・ラツィンガーは一九二七年、警察官を父に南ドイツのバイエルン地方で生まれた。少年時代にナチス国家労働奉仕団に徴用され、脱走して一時米軍の捕虜となる。ミュンヘン大学神学部に進み、五一年に司祭に叙せられた。ボン、テュービンゲンなどの大学で研究と教育にたずさわり、第二バチカン公会議にフリングス枢機卿の進歩派神学顧問として参加する。彼がその後次第に保守的、権威主義的となった背景には、六〇年代後半にドイツで学生運動が過激化した事情もあるが、彼にとって進歩とは教義の枠内でのことだった。

教皇ヨハネ・パウロ二世のもとで八一年に教理聖省長官に任命されたラッィンガーは、八四年に教書『解放の神学についての若干の考察』（通称「ラッィンガー教書」）を、二年後には『自由の自覚――キリスト者の自由と解放に関する教書』を公にする。レオナルド・ボフなどラテンアメリカの解放の神学者を標的に、現代の異端審問官ぶりを発揮した。九三年に司教枢機卿に昇進した彼は教理聖省文書館を開放して異端審問の資料を公開し、バチカンの権威を跡づけた。

教皇の多難な軌跡

冷戦終焉後に教皇となったベネディクト一六世の最大の課題は、世俗化と物質主義の波に抗して、「キリスト教的ヨーロッパ」の維持と強化をはかることだった。エキュメニズム（キリスト教一致運動）は第二バチカン公会議の重要な政策でもある。教皇就任後間もなく訪れた母国ドイツでプロテスタント各派の指導者たちと会い、シナゴーグも訪れた。ついでパレスチナ自治政府のアッバス大統領とも会談を行って、宗教間対話への意気込みも見せる。またバチカンとロシア連邦は二〇〇九年に正式国交樹立に合意したが、教皇首位性を主張する同教皇のもとで、ロシア正教会とは微妙な関係に留まった。

ところが翌二〇〇六年の母国ドイツのレーゲンスブルク大学における教皇の講演の一部

(「ムハンマドが信仰を剣によって広めよと命じた……」)が、ムスリムの暴力性への批判と受けとめられる。バチカンはイラク戦争に反対したのだが、この発言は米国主導の対イスラム戦争を肯定したものとみなされ、イスラム諸国の激しい反発を受けた。イスラム圏の少数派キリスト教徒を守るためにもベネディクト一六世は弁明につとめたが、バチカンに対するイスラム圏の反発は容易に収まらなかった。

ついで二〇〇九年初頭、教皇ヨハネ・パウロ二世によって破門されていたル・フェーブル派の四司教の破門を解いた。フランスの超保守的なル・フェーブル大司教らは第二バチカン公会議が採用した各国語によるミサに反対して、トリエント公会議(一五四五年)が定めたラテン語とギリシャ語のミサを主張。しかもこの派の司教の一人がナチスによるユダヤ人虐殺(ホロコースト)の歴史的事実を否定したため、教皇ベネディクト一六世への非難が強まった。

欧米諸国でカトリック教徒が減少し、アジア、アフリカで増加傾向にあることに危機感を抱いた教皇は、保守派のプロテスタントをカトリック教会にとりこむ戦略をたてる。二〇〇九年一〇月、教皇は聖公会(英国国教会)の聖職者と信徒に対し、聖公会の典礼を守ったままカトリックに帰依できるという使徒憲章を認めた。聖公会では司祭の妻帯や女性司祭を認めているので、これらを除く保守派のみを受け入れる方針だが、この新方針がカトリック教会のリベラル化に寄与することも考えられる。

即位以前からバチカンに対して起きていたさまざまな批判にも、学究肌の教皇は対応できなかった。その第一は二〇一二年に起きた「バチリークス事件」で、側近の一人が教皇の執務室から秘密文書を盗み、逮捕されたことから明らかになったバチカン内の腐敗と権力闘争である。第二は各地の教会内で起きている聖職者による子どもへの性的虐待、第三は避妊、離婚、同性婚などで、これらの山積する問題は体力が衰えた老教皇に解決できるものではなかった。

二〇一三年二月、教皇は生前退位した。教皇職は終身制なので、生前退位は六〇〇年ぶりのことである。

近代化に抵抗してきたバチカンも、二〇世紀後半になって路線変更を迫られることになった。カトリックを含むキリスト教世界はグローバルに拡大していて、とくに南の世界（アフリカとアジア）での信徒の増加がめざましい。その大きな流れを次章でみることにしよう。

第四章　アフリカとアジアでふえるキリスト教徒

キンバング教会最大のマテテキンシャサ教会　聖餐式に入りきれない信徒の群れ（158-159頁参照：バレット『世界キリスト教百科事典』410頁より）

（2016年央、単位：1000人）

ラテンアメリカ	世界合計	比率(%)
591,547	2,447,988	32.9
508,306	1,242,461	16.7
66,015	552,599	7.4
1,307	284,117	3.8
1,733	1,752,045	23.6
789	1,019,421	13.7
819	521,492	7.0
438	14,778	0.2
…	…	…
641,029	7,432,663	100.0

1　信徒の趨勢

アフリカのキリスト教徒は二〇世紀に驚異的に増加した。奴隷貿易が終わって間もない一九〇〇年に一〇〇〇万人弱（総人口の約九%）であったキリスト教徒は、多くのアフリカ諸国が独立を遂げたのちの二〇〇〇年に三億六〇〇〇万人（人口の四六%）に達した。二〇二五年には六億三四〇〇万人（人口の四九%）にふえると予測され、イスラム教徒＝ムスリム（一九〇〇年の三二%から二〇〇〇年に四一%、二〇二五年に四〇%と予測）をしのぐ勢いである（Barrett et al, *op.cit.*, 2001, p. 14）。

アジアではムスリムとヒンドゥー教徒および仏教徒の地位はゆるがないが（ムスリムが一九〇〇年に一億五六〇〇万人で総人口の一六%、二〇〇〇年に八億三三〇〇万人で二一・五%、二〇二五年に二五・七%の予測）、キリスト教徒も一九〇〇年の二二〇〇万人（総人口の二・三%）から二〇〇〇年の三億一三〇〇万人（八・五%）へと増加し、二〇二五年に

第2表　世界の信者人口

	アジア*	アフリカ	オセアニア	北アメリカ	ヨーロッパ**
キリスト教	384,404	591,405	28,733	276,225	575,674
カトリック	149,877	212,659	9,320	88,450	273,849
プロテスタント	97,186	222,513	12,998	61,019	92,868
東方正教会	18,624	50,968	1,064	7,996	204,158
イスラム教	1,191,467	506,577	722	5,597	45,949
ヒンドゥー教	1,011,584	3,279	637	1,959	1,173
仏教	512,967	284	763	4,776	1,883
ユダヤ教	6,607	129	127	6,041	1,436
その他	•••	•••	•••	•••	•••
合計***	4,436,224	1,216,130	39,901	360,529	738,849

*旧ソ連の中央アジア諸国を含む。　**ロシア全域を含む。　***無宗教、無神論者及びその他の宗教の信者も含む。
出典：『ブリタニカ国際年鑑 2018』、210頁。

は四億六五〇〇万人（九・八％）に達するとみられている。いずれも人口増加地域であり、その政治的重要性は大きい。ちなみにラテンアメリカでは二〇〇〇年に四億八〇〇〇万人で九三％だがやや減少傾向、ヨーロッパでは九五％（一九〇〇年に三億八〇〇〇万人）から、七七％（二〇〇〇年に五億六〇〇〇万人）へと減少している（*Ibid.*, pp. 13–14）。

第2表で最近の動向をみると、とくにアフリカのキリスト教徒の伸びが著しい。二〇一六年に五億九一四〇万人を超えるアフリカのキリスト教徒は、まもなくラテンアメリカを抜いて世界一となることは確かだろう。また二億二〇〇〇万を超えるプロテスタントの数は世界一の規模である。アジアのキリスト教徒の規模も北米、オセアニアをしのぐ。キリスト教は欧米の宗教というこれまでの常識がくつがえり、アフリカとアジアで活性化しているのが現状である。

教皇フランシスコは高位聖職者（枢機卿、司教など）にアフリカ、アジア出身者を数多く起用して、バチカンの構造改革を志すと共に、南の世界への司牧訪問を続けて人々との交流を深めている。*

＊ 教皇によるイタリア国外司牧訪問先を以下に列挙する。二〇一三年にブラジル（世界青年の日WYD出席のため）、二〇一四年に聖地、韓国（アジア青年の日AYD出席）、アルバニア、トルコ、二〇一五年にスリランカとフィリピン、ボスニア・ヘルツェゴビナ、南米（エクアドル、ボリビア、パラグアイ）、キューバと米国（両国の国交正常化と国連演説のため）、アフリカ（ケニア、ウガンダ、中央アフリカ）、二〇一六年はメキシコ、レスボス島（ギリシャ）、アルメニア、ポーランド（世界青年の日WYD）、ジョージアとアゼルバイジャン、スウェーデン（宗教改革五〇〇年式典）、二〇一七年にエジプト、ポルトガル、コロンビア、ミャンマーとバングラデシュ、二〇一八年にチリとペルーへ。

以下、アフリカとアジアにおけるカトリックを含むキリスト教諸派の歴史的展開を、政治との関係に留意しつつスケッチしたい。カトリック、プロテスタント、東方正教会（オーソドックス）はみなキリスト教会だが、三派は歴史的に競いあい、互いを「異端」「悪魔」と呼んできた。しかし歩み寄りは進んでおり、エキュメニズム（キリスト教諸派の再一致）はバチカンⅡで確認された原則でもある。なお民主化の動きに教会が大きな役割を果たしたフィリピン、韓国、南アフリカについては、第五章で扱うことにする。

2　アフリカ――独立教会の展開

西アジアのパレスチナで生まれたキリスト教は、使徒の時代に地中海世界に広がった。北アフリカのカルタゴ（現在のチュニジアの近郊）でラテン語訳聖書が完成し、ラテン神学の父テルトゥリアヌスやアウグスティヌスが輩出する。

エジプトのアレクサンドリアに伝道したマルコ（福音書の執筆者）はコプト教会の基礎をつくり、ソロモン王に起源を持つエチオピアは四世紀にキリスト教を受容し、エチオピア正統教会を国教とした。しかしギリシャやローマからの移民を中心とした北アフリカの教会は土着化せず、台頭したイスラム勢力のもとで七―八世紀に姿を消した。今日まで残っているのは、アフリカ社会に根をはったエジプトのコプト教会とエチオピア教会のみである。

六一〇年にアラビア半島で形成されたイスラム（教）は、北アフリカを経由してイベリア半島を席巻した。ムスリム商人はサハラ砂漠を横断して西アフリカに交易都市をつくり、東アフリカへはインド洋交易を通じて内陸に拠点を築いた。ヨーロッパ人によるキリスト教の伝播は一五世紀末に始まるが、サハラ以北とその南の周辺を中心とするムスリム、次いでアフリカの民族宗教、南へ行くほどキリスト教徒がふえるという宗教分布が近年変わってきた。とくにイスラム教やキリスト教諸派との習合が進行したこともあって、民族宗教が激減し、ブラジルのカンドンブレ、ジャマイカのラスタファリなど、アフリカ起源の宗教が大陸外で新しい宗教を生み出す力となっている。

大航海時代に始まるヨーロッパ人のアフリカ進出の先兵の役割を果たしたのが宣教師だった。布教が本格化するのは四世紀におよぶ奴隷貿易が終了した一九世紀末のベルリン会議（一八八四―八五年）以降、ヨーロッパ列強がアフリカ分割にしのぎを削ることになってからで、二〇世紀前半に最盛期を迎えた。ミッション（布教団）による布教は植民地主義と結びつき、アフリカの文化や宗教を「野蛮」と否定し、キリスト教を通じてアフリカ人を「近代化」し、ヨーロッパ的「文明人」に変えようとした。一方で宣教師は医療や教育を通じてアフリカ社会の近代化をはかった。とくに教育は植民地エリートの育成をめざしたが、植民地支配からの解放をめざす若者も育てることになる。

キリスト教のアフリカ化・土着化の動きは一九世紀半ば、西アフリカのナイジェリアなどから起きた。抑圧されたアフリカ人が聖書にあるように神の約束の地に導き出される、「天国は黒人のために存在する」という理念である。博愛の宗教を信ずるキリスト教国家による奴隷貿易、人種的偏見、植民地搾取の経験は、西欧キリスト教国への憎悪感とアフリカ回帰の思想を生んだ。アフリカの伝統と宗教性に深く根ざした独立教会は、アフリカ人主導の教会で、欧米キリスト教会から独立した教会であり、アフリカの独立運動にも大きな役割を果たした。独立教会を設立したシンボル的存在は、のちに述べるベルギー領コンゴのシモン・キンバングであろう。

一九六〇年代に多くのアフリカ諸国が独立を遂げたのをピークに、独立教会はアフリカのキリスト教の主流となった。独立教会の数は把握しきれないが、聖霊（精霊）・啓示・治癒が重視され、信仰を通して健康・権力・富の獲得を説く。南アフリカのザイオン（シオン）キリスト教会、西アフリカのアラドゥラ教会などが代表である。

八〇年代からは米国起源のペンテコステ派、カリスマ派の隆盛が目立ち、アフリカ化に逆行する動きとなっている。キリスト教会の課題は、同様に勢力を強めるイスラム教徒との対話と共存であろう。とくに近年勢力を拡大するイスラム過激派（イスラム国＝ISなど）の攻撃にさらされ、マイノリティの権利を喪失する教会や信徒がふえている。

カトリック教会から分離した独立教会は少ない。しかし教会のアフリカ化は進行し、指導権はアフリカ人に移りつつあり、バチカンⅡには七〇人のアフリカ人聖職者が出席した。外国で働く聖職者や修道女もふえている。アフリカ人の大司教、枢機卿が輩出しており、アフリカから教皇が選ばれる日も遠くないと思われる。

以下、北アフリカ、中央アフリカ、西アフリカのキリスト教会（信徒）について、それぞれエジプト、コンゴ、ナイジェリアを例に取り上げる（南アフリカについては第五章参照）。

エジプト・アラブ共和国のコプト教会——イスラム圏最大のキリスト教会

古代文明が栄えた北アフリカのエジプトでは、紀元五八年頃に聖マルコがアレクサンドリアで布教を始め、二世紀ごろにキリスト教はエジプト全土に広がった。七世紀からアラブ、一六世紀からオスマン帝国の支配を受けたが、生き残ったのが東方正教会のコプト・キリスト教徒である。コプトはギリシャ語でエジプトを意味する。現在エジプトの人口の約一割弱、およそ九〇〇万人がコプトで、キリスト教徒としてはイスラム圏最大の規模である。

ムスリムは聖書をコーランに先行する啓典として尊重し、キリスト教徒を啓典の民とみなしてきた。しかしシャリーア（イスラム法）のもとでコプトはズインミー（庇護民）とされ、ジスヤ（人頭税）を払う代わりに兵役を免除されたが、一九世紀以降ジスヤは廃止され、兵役の義務を果たしている。一九一四年にエジプトはイギリスの保護領となるが、完全独立をめざす一九一九年の革命には、ムスリムもコプトも協力して立ち上がった。ナショナリズムを掲げてこの運動をすすめたワフド党は、コプトの政治家の活動拠点となっている。この頃から閣僚に一名以上のコプトを入閣させる伝統が生まれたが、のちにレバノンでみるような宗教別クオータ制（割当制）は採用されていない。また現在ワフド党と並ぶ主要政党の自由エジプト人党は、コプトのN・サウィリスらが設立したものである。

チュニジアを起点とする民主化運動「アラブの春」は、二〇一一年に「エジプト革命」に発展。サイード・シシ政権（二〇一四年—）は教会新設の規制を緩和する法を制定した。聖家族逃避伝承（迫害を逃れたマリアとヨセフが幼子イエスを連れてパレスチナからエジプトを旅した）は今も生きていて、コプトは市民権を得ているようにみえるが、就職や結婚のためにコプトからイスラムへと改宗する者が絶えない。欧米への移住者もふえ、在外コプト共同体が設立されている。

コプトはISなどイスラム過激派の攻撃の標的にされやすく、一六年末に聖ペトロ教会が大規模なテロの攻撃を受け、一七年四月に北部のタンタとアレクサンドリアで教会が爆破された。同月末、教皇フランシスコはカイロを訪問し、アル・アズハル大学で開催された「平和のための国際会議」に出席して、宗教間対話の重要性を強調した。エジプトにおける過激派のテロの標的は、神秘派のモスク（イスラム教礼拝堂）にも及んでいる。

コンゴ民主共和国（旧ザイール）――カトリックと独立教会

アフリカ大陸中央部の南、コンゴ川流域のコンゴ王国にポルトガル人が一五世紀末に到着し、相次いで渡来した宣教師によってキリスト教がもたらされた。奴隷貿易を経てアフリカが列強の分割の対象になると、コンゴはベルギー国王の私領地から、一九〇八年にベルギー政府の植民地（ベルギー領コンゴ）となる。国王はコンゴにおける独占的宣教権を教皇庁から獲得したが、欧米のプロテスタント諸派の勢力も定着する。

バプティスト教会のカテキスト（宣教補助者）でもと大工のシモン・キンバングは、一九二一年初頭に精力的な布教活動と病人治療を開始し、多数の信者を集めた。彼の評判は広がって、メシア的存在となる。千年王国の到来によってアフリカ人の支配の時代が来るという彼の説は、植民地解放運動に発展する。植民地当局に捕えられたキンバングは鞭打ちのあと死刑、ついで終身刑を宣告され、三〇年間を遠隔の獄中で過ごし、没した。五六年に三人の息子たちによって再建されたキンバング教会（「預言者シモン・キンバングによるイエス・キリストの地上の教会」）はエキュメニカルな（諸宗派一致）性格を持ち、六〇年にコンゴ共和国として独立後、爆発的に発展し、アフリカ最大の独立教会となった。この教会は教育・医療・社会事業に加えて、モデル農場や大きな神学校も経営しており、世界教会協議会（WCC）、全アフリカ教会協議会などで指導的役割を果たしている。

独立後の動乱期にクーデター（六五年）で政権を奪取したモブツ中将は、七一年に国名をザイール共和国と改め、革命人民運動（MRR）の一党支配体制のもとで、ザイール化=脱植民地化をめざすことになる。カトリック教徒のモブツは政教分離をはかるが、すでに独立以前の五六年にカトリック教会は「司教宣言」において現状批判の立場を明確にし、コンゴの独立を支持し、信徒に労働組合への加入を勧め、大司教区の司牧と運営のザイール化（アフリカ化）をはかった。また七一年にキンシャサのロバニュウム大学（カトリック教会がザイール最初の大学として五四年に設立）、キサンガン自由大学（プロテスタント系）など三校がザイール国立大学に統合される。七三年までに法人格を取得した公認宗教団体のうち、カトリックが全人口の約四〇%を超え、キンバング派が二五%、プロテスタント一五%、ムスリムが一〇%を占めた。

三〇年を超えるモブツ独裁は九七年に終わり、国名はコンゴ民主共和国に改められた（面積はアフリカ三位）。しかし世界最大の生産量を誇るダイヤモンド、コバルト、金などの資源の利権も絡んで、紛争が国際化する構造は変わらない。

ナイジェリア連邦共和国――ムスリムとの共存

西アフリカの大国ナイジェリアでは、ニジェール川流域北部に一一世紀頃からイスラム教が伝わり、イスラム王国が栄えた。ヨーロッパ勢力による奴隷貿易によって域内の交流は途絶え、ベニンからナイジェリア沿岸は「奴隷海岸」と称された。一八〇七年にいち早く奴隷貿易禁止に転じたイギリスは、アフリカ分割のためのベルリン会議以後二〇世紀初頭までにナイジェリア全土を保護領（植民地）化する。

第一次大戦後の西アフリカでは民族運動が芽生え、独立を準備することになるが、キリスト教会でも外国人宣教師から独立する動きが出はじめる。キリスト教のアフリカ化である。その最初はネイティブ・バプティスト教会で、聖公会やメソジストでも似た動きがみられた。一九一八年に西アフリカでインフルエンザが流行したが、この災難に対する祈りの会や神癒の会から生まれた教会のひとつが「アラドゥラ教会」である。アラドゥラは「祈る人」を意味するヨルバ語だが、同教会には第二次大戦前後にかけていくつもの宗派が生まれた。欧米の布教団中心の教会も次第にナイジェリア人主導の体制をとり始める。

一九六〇年にナイジェリアは独立、連邦共和国憲法は信教と礼拝の自由を保障した。しかし地域、民族、指導者間の対立は政情を不安定にし、なかでもビアフラ戦争（六七―七〇年）は東部のカトリック教会に深刻な被害を与えた。この国でも医療と教育はキリスト教団体が担い、州政府が財政支援を行ってきた。七六年に連邦政府は無料の義務教育制を導入し、すべての学校を接収。宗教教育はすべての学校で行われているが、その内容・時間は州によって異なる。

一九九九年に一六年ぶりに民政移管し、新憲法は特定の宗教を国教とすることを禁じた。しかし翌年北部の一部の州がシャリーア（イスラム法）を導入、政府はこれを憲法違反とする通達を各州政府に送った。二〇一五年四月、現職のジョナサン（国民民主党）を破って、ムハンマド・ブハリ（全ナイジェリア国民党）が大統領に選出された。アフリカ有数の産油国ナイジェリアの油田は南部に集中し、イスラム教徒が多い北部は開発から取り残されがちである。北部を拠点とする過激派ボコ・ハラム（「西洋の教育は罪」を意味する）は全国へのシャリーア導入を要求し、女子学生の集団を拉致した。アフリカ連合（AU）主導の多国籍部隊による掃討作戦が続いている。一九〇〇年に人口の七〇％を数えた部族宗教の信徒は、二〇二五年には八％に減少すると予想されている。その減少分をキリスト教徒（二〇一七年に四〇％、うちカトリック八％）とムスリム（二〇一七年に五〇％）が分かち合いつつ増加している状態である。

3　アジア——多様な宗教世界

アラビア半島からトルコを経てアフガニスタンに至る**西アジア**は、ユダヤ教、キリスト教、イスラム教という世界三大一神教が誕生した地域である。ユダヤ教徒が祖国を失って世界に離散し、キリスト教が主に地中海からヨーロッパに伝播されたのに対し、七世紀にアラビアで生まれたイスラム教はこの西アジアを拠点に数世紀をかけて世界に拡散した。

西アジアの宗教としてまず頭に浮かぶのはイスラム教である。七世紀以降イスラム教の存在感は強まったが、イスラム教徒はユダヤ教徒とキリスト教徒を同じ神と啓典を尊重する民として政治的に承認し、保護してきた。またこの地域は、一神教だけでなく、ゾロアスター教など土着的な多神教の世界でもある。この西アジアにおける宗教的・政治的バランスを崩したのが、一九四七年の国連におけるパレスチナ分割決議と翌年のイスラエル建国である。これに反発する数次の中東戦争を経て、近年はイスラム過激派の台頭もあって、西アジアは動乱の地となった。

インド亜大陸の**南アジア**は多宗教世界である。古くからバラモン教、ジャイナ教、仏教が栄えたが、ヒンドゥー教はこれらの宗教や土着の信仰を包摂しつつ、紀元前三—二世紀ごろに成立した。しかし八世紀にインドに侵入したイスラム教徒は次第に勢力を拡大し、一三世紀初頭にイスラム王朝が成立。一八五八年にムガル帝国が滅亡するまでの六五〇年間、インドはムスリムの支配下に置かれた。今日バングラデシュ、パキスタン、モルジブの人口の多数はイスラム教徒で、これを合計すると、世界のイスラム教徒の半数近くを占める。ブータンは人口の八割近くが仏教徒である。

東南アジアの宗教は複雑で、外来勢力の影響が大きかった事情を物語っている。紀元前後からインドとの交易を通じてビルマ（ミャンマー）、タイ、カンボジアなどにヒンドゥー教と仏教が根づき、インドネシア、マレーシアなどの島嶼部には一三世紀ごろからイスラム教が伝えられる。中国系宗教（儒教・仏教・道教）は中国と国境を接するベトナム北部やシンガポールなどの都市の華僑・華人の間に定着した。一六世紀以来三世紀間スペインの植民地であったフィリピンは、この地域では例外的にカトリックが多数を占める（第五章参照）。

儒教文化圏と称される東アジアの中心、中国大陸では早くから道教が確立し、インドから大乗仏教が伝来、唐代にペルシャからゾロアスター教、マニ教がもたらされ、イスラム教もアラビア人によって海路伝えられた。モンゴルとチベット自治区は仏教が強く、朝鮮半島（北朝鮮と韓国）、とくに韓国では儒教、仏教に次ぎキリスト教の影響が強い（韓国については第五章を参照)。島嶼部の台湾は道教と仏教、日本は神道と仏教が盛んである。

以下、西アジアのレバノン、南アジアのインド、東南アジアのインドネシア、東アジアの中国と日本におけるキリスト教と政治の関係を概観する。

レバノン共和国――モザイク国家のなかのマロン派

レバノン、ヨルダン、イスラエルは、かつてカナーンあるいはパレスチナと呼ばれ、西アジアにおける政治・経済の要衝であった。なかでもレバノンを中心とする地中海東部沿岸(レバント地方)は地中海貿易の覇者フェニキア人の拠点であり、現在も仲介貿易と西アジアの金融センターである。

岐阜県ほどの面積の国レバノンは、「諸宗教の博物館」「モザイク国家」といわれるように、キリスト教ではマロン派、ギリシャ正教、ギリシャ・カトリックなどと、イスラム教のシーア派、スンニ派、ドルーズ派などの人々が在住する。多数を占めるマロン派キリスト教徒は単性論(キリストの人性は神性のなかにあるとして、両性論を批判)を主張して、七世紀の公会議で異端とされた。しかし第一回十字軍(一一世紀)に参加したのち、教会のラテン化が進行する。

オスマン帝国のアラブ地域をイギリス・フランス・ロシア三国で秘密裡に分割するサイ

クス・ピコ協定（一九一六年）によって、レバノンはシリアなどと共にフランスの委任統治領となった。フランスの分割統治政策のもとで、大統領と軍司令官はマロン派、首相はスンニ派教徒と定められ、国会議席比も宗派別で構成された。

この配分方式は一九四三年の独立以後も踏襲されたので、議席配分をめぐる対立が常に顕在化した。なかでもマロン派の比率は、ムスリムより出生率が低いのに加えて一九世紀末以降の移民の増加のゆえに低下する。ちなみにカルロス・ゴーン前日産ＣＥＯ（最高経営責任者）はブラジル生まれのレバノン移民三世で、高等教育を受けるためフランスに渡った。

パレスチナ解放機構（ＰＬＯ）本部が七〇年にヨルダンからレバノンのベイルートに移ったのちの七五年、パレスチナ人（ムスリム）とキリスト教徒の衝突が一五年に及ぶ内戦に発展。内戦終結後、一二八の議席はキリスト教勢力とイスラム勢力で二分されて各宗派に割り当てられ、権力の分散と共生がはかられてきた。人口六〇〇万人のこの国は、現在四五万人を超えるパレスチナ難民と一〇〇万人のシリア難民を受け入れている。

インド——多宗教国のキリスト教

大国インドでは、南アジアで生まれたヒンドゥー教の信徒が人口の約八〇％を占めるが、少数派の外来宗教のイスラム教徒が一四％、キリスト教徒は二・三％で五〇〇〇万人近く、インドに源を持つ仏教徒の〇・七％をはるかにしのぐ。また地理的分布も一様ではなく、東北部のナガランド州、ミゾラム州では人口の九〇％、南のケララ州では三〇％がキリスト教徒である。

インドの教会は、一二使徒の一人、聖トマスがケララ地方を訪れて布教し（五二―七二年）、カーストの最高位バラモンからも多くの改宗者を得たという伝承に始まる。一世紀以降、ローマ帝国と南インドの間にアラビア海経由の交易があったからで、四世紀にはシリア商人トマスが率いる四〇〇人のキリスト教徒が、ササン朝ペルシャの迫害を逃れてケララ州に到着する。ヨーロッパからの伝道は一三世紀からフランシスコ会、ドミニコ会によって開始された。一五四三年にインド管区を設立したイエズス会は、ゴアを拠点にモルッカ諸島から中国・日本までを活動範囲とした。南インド沿岸の漁民たちを集団改宗させたザビエルは四九年に来日、三年後中国に向かったが果たさずに没した。東洋布教のパイオニアといわれる所以である。北部ではムガル帝国のアクバル帝（在位一五五六―一六〇五年）が、寛容な宗教政策によって帝国の維持・拡大をはかった。イエズス会が重用され、宣教と親族の教育も任されたが、一八世紀後半、イエズス会の活動はヨーロッパにおける会の追放と解散によって中断される。

一七世紀初頭から聖公会の聖職者が東インド会社のチャプレン（会社所属の牧師）として布教を開始、セポイの反乱（一八五七―五八年）後に直接統治に乗り出したイギリス支配下で、布教は活発化する。女性の聖職者もふえ、低カーストへの布教も盛んとなった。ナショナリズムの高揚を反映して、プロテスタントのインド人高位聖職者も出現する。もっとも現地聖職者の登用はカトリックのほうが早かった。

当初、インドに派遣された宣教師は社会の底辺の人々を伝道の対象とするよりも、まずエリート層を改宗させ、トップダウン式にキリスト教化する政策をとった。その良い例が、自らバラモンと称した一七世紀のイエズス会士ロベルト・デ・ノビリであろう。インドの言語と哲学を評価したノビリはタミール語で典礼を行い、優れたサンスクリット研究を残した。しかしこうした布教姿勢は徹底した改宗を求めるローマ教皇庁の批判を招き、破門される。ノビリは土着化の先駆者でもあった。

しかし「神の前での平等」を説くキリスト教とイスラム教は、低カーストの人々やアウト・カースト（アンタッチャブル＝不可触民＝ダリット）を惹きつけた。こうしてキリスト教の聖職者は次第に布教の重点を低カーストやダリットに置くようになった。カーストという堅固な階層構造を温存させつつ分断支配する植民地行政を、逆に利用したのである。

二〇世紀を迎えるころから、ナショナリズムの高揚にともない、インド人教会指導者が輩出する。

一九四七年、インドはイギリスから独立を果たした。独立以前からカトリックではインド人聖職者への交代が行われ、プロテスタント諸派も本国教会から次第に独立する。信教の自由を謳った五〇年憲法は、アウト・カーストの制度を廃止し、ダリットを指定カーストとして保護の対象とする。公務員や議員などに一定の留保枠が設けられたので、キリスト教に改宗すると指定カーストが享受する特権を失うことになった。また二〇〇二年にはヒンドゥー教徒の改宗を規制する反改宗法が一部の州で成立した。しかし現在二億人以上のダリットが存在しており、信徒の六割を占めるダリットの解放をめざすダリット神学が盛んである。

インドネシア――イスラム社会のキリスト教

人口（二〇一七年、二億六四〇〇万人）の八七％をムスリムが占める世界最大のイスラム国家で、キリスト教徒はプロテスタント七％、カトリック三％で計二〇〇〇万人に達し、二％がヒンドゥー教徒である。一万三〇〇〇の島から成るこの国のなかでも、キリスト教が盛んなのは東部のイリアン・ジャヤ州、東ヌサテンガラ州だ。キリスト教の布教は七世紀に南インドで盛んだったトマス・キリスト教会のスマトラ島への到来に始まる。ザビエルが一年近くマルクで布教にあたり（一五四六年）、他のイエズス会士やドミニコ会士がこれに続く。フローレス島、ティモール島が中心だった。

東インド会社を設立した（一六〇二年）オランダが、一八一七年にインドネシアの直接統治にのりだすと、オランダ改革派教会などによるプロテスタント布教が本格化する。一九世紀後半にはインドネシア人聖職者も生まれ、独立派教会も誕生して、民族主義運動への参加者もふえた。第二次大戦中の日本軍占領期（一九四二―四五年）には教会への迫害が行われたが、日本から派遣されたカトリックの南方宗教宣撫員（司教）や陸軍従軍牧師によって弾圧は和らげられた。

一九四五年八月一七日、スカルノは独立を宣言、建国五原則（パンチャシラ＝唯一神信仰、人道主義、民族主義、民主主義、社会正義）を掲げた共和国憲法を発布。しかし国軍と共産党の対立が先鋭化し、六五年九月、共産党勢力によるクーデター未遂事件に発展し、多数の共産党員が虐殺された。この事件後、信教の自由は制限され、国民は五つの宗教（イスラム、プロテスタント、カトリック、ヒンドゥー、仏教）のいずれかを信仰することを求められる。多「宗教国家」インドネシアでは身分証明書には宗教の欄が設けられ、宗教への帰属は国民の義務とされた。独立後キリスト教徒がふえた理由もこうした政治状況を反映しているが、近年イスラム勢力が政治的影響力を強めている。

カトリック国、東ティモール民主共和国

ポルトガルの植民地であった東ティモールは（オランダに割譲された西ティモールは一九四五年にインドネシアの一部として独立）、七四年にポルトガルが撤退したのち独立を宣言したが、武力でインドネシアに併合された（七六年）。しかし併合への抵抗運動が続き、九九年の住民投票で七九％が独立を支持、国連の暫定統治を経て二〇〇二年に独立を達成する。精神的指導者ベロ司教と独立運動指導者ラモス・ホルタはノーベル平和賞を受賞（九六年）。住民の九割がカトリックである。

巨大なキリスト教国——中国

中国にキリスト教が伝来したのは、ペルシャから景教（ネストリウス派）の布教団が長安を訪れた唐代に遡る（六三五年）。皇帝の庇護のもとに布教が行われたが、道教を信奉する武帝によって八四五年に仏教と共に禁断された。世界帝国を築いたモンゴル族による元朝の寛容な宗教政策のもとで景教は復活したが、漢民族の明朝（一四―一七世紀）はその存続を許さなかった。カトリックの布教が本格化するのは大航海時代の一六世紀以降である。とはいえ、日本開教後中国に向かったイエズス会のザビエルは、中国の鎖国政策ゆ

えに入国を許されなかった。マテオ・リッチが一六〇一年から北京で布教が許されたのは、中国語とその文化を学び中国姓を名乗っただけではなく、その西洋科学の知識と儒教精神の尊重ゆえだった。

しかし布教の過程で、用語の問題（「神」は「天」「上帝」「天主」か）や、中国の祖先崇拝と孔子を祀る儀式などとかかわる、いわゆる典礼問題が起きる。中国の伝統に寛容で妥協的なイエズス会に対する他の会派の批判、さらには康熙帝と教皇との対立に発展し、一七一七年に布教活動は禁止された。

プロテスタントの布教は、一八〇七年にマカオに到着したロンドン宣教会のロバート・モリソン（バプティスト）に始まる。東インド会社の通訳であった彼を中心に、布教と並行して聖書の中国語訳が完成する。洪秀全はその漢訳聖書を読んで、のちに太平天国の乱（一八五一―六四年）を起こしたといわれる。

阿片戦争後の南京条約（一八四二年）とアロー戦争後の北京条約（一八六〇年）は、キリスト教の信仰と布教の自由を保障した。しかし不平等条約のもとで、布教団の強引な土地の買い上げや中国の伝統・文化への無理解、あるいは中国人側のキリスト教教義に対する誤解などから、中国官民の反発に遭遇する。天主教（カトリック）と基督教（プロテスタント諸派）の教会は破壊され、宣教師の殺害、信者迫害などの仇教運動＝教案（宗教関係の刑事事件）が頻発した。清朝はこれに対して極刑で対応したが、列強は教案の発生を利用して中国侵略を進めた。一九〇〇年に起きた義和団事件は、反キリスト教運動のピークであった。責任を問われた清朝は、多額の賠償金の支払いで弱体化し、満州族の清朝は孫文の辛亥革命（一九一一年）で崩壊、翌年中華民国が成立する。

半植民地化のもとで二〇世紀初頭から教会は大きく成長し、改宗者は急増した。義和団事件の賠償金の多くがキリスト教伝道に向けられたことも幸いした。精神的再建とナショナリズムの気運は宗教界にも反映し、中国人聖職者が増加して、キリスト教の土着化（本色化）が進められる。こうした動きは特にプロテスタントで顕著で、二七年には七教派が合同して中華基督教会が発足し、中国教会の育成をめざして「自治・自養・自伝」（自ら治め、自ら養い、自ら伝える）の三自原則が掲げられた。当時盛んだったマルクス主義知識人による反キリスト教運動に対する反撃でもあった。カトリックの側でも一九三九年に教皇ピオ一二世は中国の典礼を容認し、四六年にバチカンとの外交関係が樹立される。二六年に六人の中国人司教が叙任され、枢機卿も誕生した。三〇年代の日本の侵略と日中戦争の展開は試練の時代であった。しかし中華人民共和国の建国（四九年）までにキリスト教徒は約四〇〇万人に達した（「共産党政権下のキリスト教」については第七章二六〇頁以下を参照）。

日本のキリスト教

日本への布教は「東洋の使徒」、イエズス会士のザビエルがインドを経て鹿児島に渡来した一五四九年に始まる。織田信長（統一期一五六〇―八二年）は仏教勢力への対抗と世界への関心から宣教師を重用し、南蛮貿易に期待した豊臣秀吉（統一期一五八二―九八年）はキリシタンの宣教を認めた。しかし秀吉は、宣教師による神社・仏閣の破壊に抗議し、多くの大名や武将らの入信が全国統一の障害になるとして、八七年に伴天連《バテレン》追放令により宣教を禁止した。しかし政策は一貫性を欠き、九〇年代にはフランシスコ会士やドミニコ会士が到来する。宗教統制が徹底したのは徳川時代に入ってからである。ヨーロッパで台頭するプロテスタントのオランダとイギリスが江戸幕府に接近したことも、カトリックの宣教を困難にした。支倉常長率いる慶長遣欧使節（一六一三―二〇年）はスペインに通商と布教協力を求め、交渉は挫折する。一六一三年の禁教令によって、キリシタン大名の模範であった高山右近らはマニラに追放され、まもなく長崎で踏絵が始まる。

一六三三年（第一次）から三九年（第五次）に及ぶ鎖国令のもとで、宗教弾圧は強化された。宣教師の取り締まり、外国貿易の統制、日本人の海外往来禁止などを通じてキリシタンの息の根を止める政策である。これに抵抗した島原の乱（一六三七―三八年）は、一二万の兵力で鎮圧された。しかし幕府の政策に抗して秘かに信仰を守る潜伏キリシタンの数は布教後一〇〇年の間に七六万人に達し、仏教や神道など伝統的な思想と儀式が混交したユニークなものとなった。開国当時（一八六五年）潜伏キリシタンの数は七万人にのぼったといわれる。

帝国憲法（一八八九年）は条件付きで信教の自由を認め、翌年の教育勅語は儒教的な忠君愛国と神格化された天皇を道徳の中心にすえた。無教会主義の創始者である内村鑑三は、教育勅語の親署（天皇の署名）に礼拝しなかったことで不敬と非難される（一八九一年）。開国とともにキリスト教のなかでもプロテスタントは新鮮なものとして知識階級に受け入れられ、日本の近代化に貢献することになる。キリスト教ミッションは日本人との協力のもとに各地に学校を設立、しかし政府は文部省訓令（九八年）により、政教分離の原則のもとに宗教教育と儀式を禁じた。教会は天皇を中心とする国家主義政策に妥協的にならざるをえなかった。日清戦争（一八九四―九五年）、日露戦争（一九〇四―〇五年）に協力の姿勢を打ち出した教会は欧米からの寄付を辞退し、外国人宣教師を排除することで、日本的キリスト教の確立をめざした。

満州事変開始（一九三一年）の翌年、上智大学生の靖国神社参拝拒否事件が起きた。文部省と大学と教会の間で折衝が続き、プロテスタント関係者も神社非宗教論を根拠に神社参拝を認めた。神社参拝は植民地の朝鮮にも強要されたが、多くの朝鮮キリスト者はこれを拒否して投獄された。軍部独裁政権下の四〇年に成立した宗教団体法のもとで、宗教に対する国家規制は強化された。カトリック教会は日本天主公教団に、プロテスタント諸派は日本基督教団に再編され、いっそうの戦争協力が求められることになる。

「言論・宗教・思想の自由」を謳ったポツダム宣言を一九四五年に受諾して、三六〇年ぶりに信教の自由が実現した。多くのキリスト教大学が設立され、宗派をこえた協力のもとに新共同訳聖書が完成する。プロテスタントの側から戦争に協力した責任を問う自己批判が行われ、カトリック教会も六〇年代のバチカンII以降、民主化と平和の問題に積極的に取り組み始めた。『戦後七〇年司教団メッセージ』(二〇一五年)では「……憲法九条を変え、海外で武力行使できるようにする」政治の流れに警鐘を鳴らす。キリスト教が市民権を得たとはいえ、信者数は二〇〇〇年に五三二万人で人口の四%、うちカトリックは〇・九%(二〇一四年に約五四万人)にすぎない。二〇一三年に禁令後四〇〇年を迎え、「長崎と天草地方の(潜伏)キリシタン関連遺産」はユネスコ(国連教育科学文化機関)の世界遺産に登録された(二〇一八年)。

奴隷貿易の舞台であったアフリカと、一神教(ユダヤ教、キリスト教、イスラム教)発祥の地を含むアジアのキリスト教徒はユニークな発展を遂げ、バチカンにとっても最重要地域となってきた。キリスト教徒はイスラム過激派の攻撃の標的になりやすいが、地域の民主化に貢献する動きも無視できない。次章では民主化の潮流に大きな役割を果たしたキリスト教勢力の動向を追う。

第五章　民主化を促した教会
——冷戦体制崩壊へ

ニカラグアの素朴画（195頁参照：筆者所蔵）

1 ラテンアメリカの解放の神学

背景

二〇世紀後半以降、世界の多くのカトリック諸国が民主化への道を歩みはじめた。その背景にはバチカンの民主化路線があるが、ラテンアメリカではこれに触発されて発展した新しい神学の存在が大きい。植民地時代以来、反宗教改革の牙城として現状維持機能を果たしてきたラテンアメリカのカトリック教会は、二〇世紀後半になって初めての宗教改革を経験することになった。すでにこれまでの章でもふれてきたが、「解放の神学」と称されるこの神学は、キリスト教の原点に戻り貧しく抑圧された民衆の解放を神学最大の課題とする。キリスト教は本来貧しい者に好意を持ち、聖書の多くのページは神が弱者の側に立つと語っている。しかしこれまでの神学は、この世で苦しくとも神を信ずることによってあの世で救われると説いてきた。しかし新しい神学は地上の幸福を求めるものでもある。

新しい神学が生まれた背景には、第一に欧米をモデルとする開発論や主要国が採用した輸入代替工業化政策が市場の狭さなどから破綻して、都市と農村の貧困が拡大・深刻化したことがある。外資導入による輸出志向型工業化への転換も対外債務の累積をもたらし、先進国と発展途上国の経済格差は縮小するどころか拡大し、国内における所得格差とゆがんだ社会構造が強化される。第二次大戦後、貧しい地域に入ってともに働きつつ布教する労働司祭がふえはじめる。

背景の第二は、一九五九年に始まるキューバ革命のインパクトである。社会主義革命宣言（六一年）には警戒しつつも、カストロ政権が打ち出す農地改革や教育改革には共感も生まれた。なかでもカトリシズムの伝統が民衆に定着していた中米では、キリスト教徒と社会主義者の連携も生まれ、ニカラグア革命（七九年）を準備することになる。

しかしキューバに支援を受けたゲリラ活動に危機感を覚えた軍部は各地で蜂起し、反革命としての軍事政権による支配の時代を迎えた。六四年のブラジルに始まり、七三年のチリ、七六年のアルゼンチンとウルグアイなど南米諸国に成立した権威主義的軍事政権を支えたのは国家安全保障イデオロギーであり、その背後には米国の存在があった。共通善としてのキリスト教国家の安全保障を共産主義の脅威から守るためと称して、行政権と国家安全保障装置の肥大化による人権侵害が激化した。当初、軍政の出現を黙認・歓迎した聖職者たちも、次第に軍の弾圧政策に批判的となる。新しい神学誕生の第三の背景である。軍政に対する教会主導の抵抗運動が、民主化―民政移管の流れを加速し、ラテンアメリカにおける冷戦体制の崩壊へ導いたといえよう。

解放の神学の誕生と展開

解放の神学の誕生を支えたのはバチカンである。とくに教皇ヨハネ二三世が開催した第二バチカン公会議（バチカンⅡ、一九六二―六五年）は、パウロ六世の回勅『ポプロールム・プログレシオ』（六七年）とともに、現代世界におけるカトリック教会の使命を明らかにし、「支配する教会」から「仕える教会」へとラテンアメリカの教会に変革を迫るものとなった。

解放の神学者の先駆としては、植民地時代に異教徒インディオにも自然法が適用されると主張したスペインの国際法学者F・ビトリアが挙げられる。またスペイン人征服者《コンキスタドーレス》による暴力的開発方式を批判して、先住民の平和的改宗を主張したドミニコ会士のラス・カサスも著名な先例である。現代ではコロンビアの名門出身のカミロ・トレス神父（一九二九―六九年）がいる。幼少から社会奉仕に徹し、ベルギーに留学後社会学者の地位を捨てて農民運動に加わり、ゲリラ戦で命を落とした。

バチカンⅡ以降、ラテンアメリカの神学者たちは会合を重ねて独自の神学の形成を模索、コロンビアのメデジンにおける第二回ラテンアメリカ司教協議会（CELAMⅡ、一九六八年）はラテンアメリカ教会史の分水嶺となった。

これまで教会は貧困を「神の御心」として諦めを説き、慈善的に解決しようとしてきた。しかしメデジン会議は貧困を構造的暴力が生み出した現象とみなし、罪の問題を社会システムの問題と捉えたのである。ついで教会の保守派と進歩派の妥協のもとに開かれた七九年のＣＥＬＡＭⅢ（メキシコのプエブラ会議）も、構造的暴力のもとにある抑圧された貧しい人々の現世における解放こそ教会の使命であると公認され、社会正義と解放を実現するため社会変革への参加が呼びかけられる。変革は平和的に行われるべきとして、各地で実践の場であるキリスト教基礎共同体（ＣＥＢ、基礎は底辺の意）がふえはじめた。

ＣＥＢは貧しい民衆主導の小さな共同体で、聖書を自分たちの経験にもとづいて理解し、身近な社会問題の解決に取り組むうちに意識にめざめ、さまざまな市民運動や政治活動との関わりを強めていく。また解放の神学が分析の道具として選んだのは、ラテンアメリカで発展した従属論である。従属論によれば、世界経済秩序に組み込まれた発展途上国は低開発と抑圧的体制から逃れられない。従属の鎖を断ち切るため、体制変革が不可避となる。

一九七〇年代になると、グスタボ・グティエレス（ペルー）の著書『解放の神学』（一九七一年、邦訳八五年）をはじめ、多くの神学者の著作によって「解放の神学」が定着する。また解放をめざす神学を構築するために「神学は自らを解放しなければならない」という問題意識で、ウルグアイのファン・セグンドが『神学の解放』（一九七五年）を著した。先進国の伝統的神学からの解放をめざし、貧者の教会になるために教会は自らを浄化し刷新する必要があるとして「神学の解放」を主張するブラジルのレオナルド・ボフ神父は、教会における人権問題や権威主義を批判する（『教会、カリスマと権力』、一九八一年、邦訳八七年）。

解放の神学の拠点となったカトリック教会は、一九六〇―八〇年代の軍政化の南米で激しい反軍抵抗運動によって民主化を促し、内戦下の中米（八〇年代）においても反独裁の民主化闘争に参加した。

民主化運動の末もたらされた冷戦後の世界で、解放の神学は政治闘争期を終え、従属論的分析も中国の経済的台頭などの反証によって弱まった。しかし長く個人独裁のもとにあった国々では、選挙で選ばれた解放の神学派の聖職者が短期間ながら大統領をつとめた。ハイチのJ・B・アリスティド（一九九一―二〇〇四年まで間歇的に）やパラグアイのJ・ルゴ（二〇〇八―一二年）がその例である。

ラテンアメリカを超えて

アジア・アフリカのキリスト教が歴史の表舞台に登場したのは比較的新しいが、南アフリカ共和国における反アパルトヘイト闘争では解放の神学の影響が認められる。アフリカの「黒人解放の神学」は米国やカリブ海地域の黒人解放の神学との交流が盛んである。アジアではフィリピンの反マルコス闘争や韓国の民衆神学による民主化運動が挙げられよう。またインドのダリット（アウト・カースト）神学も、西洋の神学と主流神学（バラモン教）への抵抗神学として伸長している。

フェミニズム神学は性差別の根源を教会の家父長的構造に求め、米国社会の周縁部で生まれたヒスパニック神学はグアダルーペの聖母をシンボルにチカーノ（メキシコ系米国人）労働者のデモの先頭に立つ。先進国の神学者のなかにも、カール・ラーナー、ヨハン・メッツ、ハンス・キュング、ユルゲン・モルトマンなどはカトリシズムにおける解放の神学の正統性を認め、その独自性を評価した。

解放の神学を警戒したのはバチカンの保守派と米国政府である。教皇ヨハネ・パウロ二世のもとで教理聖省長官をつとめたラッツィンガー（のちの教皇ベネディクト一六世）は、一九八〇年代中葉に解放の神学を批判する二つの教書を公にする。さらに解放の神学の社会主義的反教権的傾向を糾弾してブラジルのボフ神父をバチカンで審問、箝口を命じた。ヨハネ・パウロ二世は、ニカラグアのサンディニスタ政権（一九七九—九〇年）に入閣した五人の解放の神学者（司祭）たちに繰り返し辞任を迫った。教皇は各地で任期を終えた高位聖職者たちの後任に保守派を任命する。

米国のニクソン政権期に発表された『ロックフェラー報告書』（一九六九年）は、メデジン会議の決定は米国の権益を損ねると危惧した。七五年にはボリビアのバンセル軍事政権にＣＩＡ（中央情報局）が加わった「バンセル計画」のもとで、南米の進歩的聖職者や教会組織への弾圧が始まる。八〇年の大統領選挙に備えて、レーガン候補のシンクタンクであるサンタフェ委員会は、「米国の対外政策の第一は中南米の解放の神学に対抗すること」と述べて対決姿勢を明らかにした。八五年にレーガン大統領は反共ゲリラを支援するレーガン・ドクトリンを打ち出し、ニカラグアを含む中米・カリブ海地域から軍事力によって解放の神学の絶滅をはかった。

2　軍政の人権侵害と戦った南米の教会

反軍政闘争から民政移管へ

一九六〇年代半ばから約二〇年間、ベネズエラとコロンビアを除く南米の国々は長期軍政のもとに置かれた。軍人と文民テクノクラート（経済関係の閣僚など）から成る官僚主義的権威主義体制は「国家安全保障と経済発展」をスローガンに、議会を停止、政党・労働組合・市民組織を解散、賃金を抑制して高度経済成長をはかり、抵抗する市民を「内部の敵」として弾圧した。こうした人権抑圧政策に対して教会は次第に批判的となり、軍政の正統性を否定する。これまで現状維持勢力として協力関係にあった軍と教会は、政治の舞台で対決することになる。

教会指導部と連携しながら社会の底辺から民主化を進めたキリスト教基礎共同体（CEB）は、六〇年代初頭にブラジルで生まれた。メデジン会議後ラテンアメリカ全域に広まり、ブラジルでは一時八万を数え、約三〇〇〇万人のメンバーを擁して、草の根民主主義を育てた。

教会は全国的ネットワークを持つので、きびしい検閲制のもとでも幅広い組織網を持ち、市民が逮捕・弾圧された情報が口コミで迅速に伝えられる。司教は弾圧を非難する文書を発表し国際的連帯を要請する一方で、当局と交渉する。また教会は非合法下の労働組合や政党に「保護の傘」をさしかけることで、これら組織の基盤を守り、民政移管を準備することになった。

バチカンを頂点とするカトリック教会はトランスナショナルな（国境を越えた）組織な

ので、教会の人権擁護活動も国際的連携のもとに遂行された。追われている政治犯をより安全な周辺国に逃し、大使館を通じて欧米諸国に亡命させた。

第二次大戦後バチカン主導で行われたラテンアメリカ支援策によって、先進国から資金と聖職者が送り込まれたので、クーデター発生当時、ブラジルやチリでは聖職者の半数は外国人だった。その多くが人権擁護活動に従事したので、ブラジルは八〇年に新外国人法を制定して彼らを排除し、チリでも永住許可を取り消されて国外に去った。

また民主化運動を支援してきたバチカンの姿勢も七〇年代末から変化しはじめる。軍政諸国の進歩派の司教に代えて保守派の司教を任命し、解放の神学をきびしく批判した。

軍政下のカトリック教会の動きは実際には一様ではなく、アルゼンチンのように教会中枢が軍に同調し、軍政に抵抗した解放の神学派は激しい弾圧を受けた（第二章参照）。以下ではとくに民主化に貢献したブラジルとチリの例を取りあげる。両国とも政教分離のもとに比較的開放的な政治システムを維持し、ヨーロッパ（主にフランス）の近代神学を取り入れ、バチカン公会議以前から改革政策を実施していた背景がある。またプロテスタント（とくにペンテコステ派）の人口が急増していたことも、カトリック教会の危機感と意識を高めたとみられる。

ブラジルの場合

世界最大規模のカトリック国ブラジルは、一九六〇年代半ばに人口の九三％（約七四四〇万人）の信者と世界最大の司教団（二五〇人）を擁していた。教会の人材と財源は南部に集中し、貧しい北東部ではペンテコステとアフリカ系のウンバンダが急増する。急進的なジョアン・ゴラール政権（一九六一—六四年）の政策に危機感を覚えた保守的カトリックが行った「神と家族と自由を守る行進」が引き金となって、六四年三月、軍は蹶起する。ブラジル全国司教協議会（CNBB、本部はリオ）は、軍が共産主義の脅威から祖国を救ったことを評価した。当初多くの政治家や左翼系の人々を追放した軍も、教会関係者への迫害は控えたからである。

この時期から軍政への批判を開始したのは北東部のカトリック教会だった。五二年にCNBBを設立したエルデル・カマラ司教を中心に、五〇年代からキリスト教基礎共同体が誕生していた。成人識字教育者のパウロ・フレイレの協力を得て、読み書きを通じて意識を高める草の根教育が進められ、農地改革の実施を政府に求めた。さらに労働者との連帯を明らかにして、軍事政権と衝突する（六六年）。

軍事政権は軍政令第二号（六五年）によって既成政党の解散と体制内二大政党制への再

編を行い、国家安全保障法を制定（六七年）、軍政令第五号により人身保護令を停止する（六八年）。こうした弾圧政策は政治家や学生、労働者の反軍政運動を惹起、ついで急進的な都市ゲリラ活動が激化した（六八―六九年）。七〇年にはバチカンの「正義と平和委員会」および教皇パウロ六世がブラジルにおける拷問を非難、翌七一年に経済の中心地サンパウロのエヴァリスト・アルンス大司教が反軍政運動に加わったことで、運動は全国規模に拡大する。

こうした潮流の変化を反映して、ブラジル・カトリック教会を率いるCNBBの指導部を七一年の選挙で進歩派（解放の神学派）が掌握、七四年にも進歩派が再選された。教会の批判は軍事政権の経済政策にも向けられ、とくに輸出志向型高度経済成長政策は所得の不均衡な配分と労働者の抑圧により達成されるとみなされた。こうしてブラジルのカトリック教会は、世界で最も進歩的な、カサノヴァ（序章参照）の表現で「民衆の教会」となる。

教会は基礎共同体の育成に力を入れるとともに、辺境の貧しい人々の利益を守るためにインディオ宣教協議会（CIMI）や土地司牧委員会（CPT）を設け、農地改革と農民の組織化を訴えた。寡頭勢力と政府の開発政策を正面から批判する教会に対する抵抗は強く、暗殺される聖職者も少なくなかった。

教会などによる軍政批判と二度の石油危機（一九七三、七九年）もあって、軍政の政策は穏健化、ついで強権化した。七九年に軍政令第五号が撤廃されて政治開放に向かい、八五年に文民エリート政治に復帰する。すでに七〇年代末以降、バチカンが保守派の司教を任命していたこともあって、民政移管後の九一年にCNBBの執行部は保守派で固められた。国内外の冷戦は終焉し、軍と教会は政治の舞台を降り、教会は司牧への専念を求められる。バチカンの権威主義構造を批判したレオナルド・ボフ神父は八四年に教理省に査問され、箝口令を受けたのち、聖職を離脱した（九〇年）。

軍主導の民主化を危惧していたサンパウロのアルンス大司教は、市民と軍人に対する「恩赦法」（アムネスティ法、七九年）が、軍政期における人権侵害の加害者の免責だけでなく、真実委員会設立による真相究明の機会を封じることにもなるとみた。同年（七九年）八月、サンパウロ大司教区内に「ブラジル、二度と再び」（BNM）プロジェクトが秘かに設立される。軍政期に軍事法廷で行われた全政治事件裁判記録を収集・編集することで、弾圧の実態を明らかにする意図だった。政治開放期で軍の監視体制が緩んでいた状況下、弁護士などの研究者グループは記録書庫にアクセスして、膨大な文書のオリジナルコピーをコピーし、分析・研究、その結果を三〇〇ページ余りに圧縮した『ブラジル、二度と再び』（*Brasil, Nunca Mais*）は、八五年三月、民政ブラジルのスタートと同時に出版され、ベストセラーとなった。教会関係者による人権侵害報告書としては、グアテマラ、ウルグアイ、パラグアイの例がある。

二〇一二年、自身軍政期に拷問を受けたジルマ・ルセフ大統領(二〇一一—一六年)のもとで「国家真実委員会」(CNV)が組織され、一四年に報告書が提出されたが、七九年の恩赦法ゆえに被害者名が公にされるにとどまった。

チリの場合

一九七三年九月、アジェンデ社会主義政権は軍のクーデターで倒された。熾烈な内戦の末に政権を奪取したアウグスト・ピノチェト軍政の弾圧政策は、世界で最も抑圧的なものとなった。

チリの教会は一九三〇年代から改革運動を進め、人民戦線政権(一九三八—四一年)に入閣したカトリック大学教授のエドアルド・フレイは、西半球で初めてのキリスト教民主党(PDC)政権を担当する(六四—七〇年)。フレイ政権末期からアジェンデ政権時代(七〇—七三年)に急進的なカトリック・グループが輩出して、チリは解放の神学「社会主義のためのキリスト教」の拠点となった。

当初、軍政に秩序回復を期待したシルバ・エンリケス枢機卿と司教協議会は軍政が国家安全保障をめざす権威主義的な国家の再編成を意図していることが明らかになるや、政府批判に転ずる。組織的人権侵害を戒め、シカゴ学派による新自由主義的マネタリズムの経済政策を批判する。キリスト教諸派やユダヤ教会と協力して戒厳令下に政治犯の救済などの人権活動を行うが、なかでもカトリック教会主導の救済組織「連帯委員会」の活動はめざましかった。

政府批判を強めたPDCが非合法化される（七六年）頃までに、司教団内部の分裂は影をひそめた。その直後に発表された司教教書は、軍政が統治の正統性に欠けることを初めて認めて民主制への早期復帰を求め、貧富の差を拡大する経済政策をカトリックの社会正義に反すると断じた。一九二五年の政教分離以来初めて、政治の舞台にカトリック教会が反体制派として登場する。

教会の政治的・社会的活動は本来の宗教活動にも活気を与え、基礎共同体の活動も活発化する。しかし教会中枢が貧者を選び、軍政にきびしい批判を向けたことで、上流階級が教会から離反し、伝統的右翼組織が復活した。ピノチェトはペンテコステ派を重用して軍内部での布教を許し、チリにおけるプロテスタントの増加に拍車がかかった。

七四年以降、国連総会はチリの人権問題に対し非難決議を繰り返した。内外の批判を受けて、七八年に軍事政権は戒厳令を解除する一方で、人権侵害に対する恩赦法を制定する。

八〇年に制定された権威主義的憲法への反発から、ＰＤＣ、社会党などは八三年に民主同盟を結成、カトリック教会を仲介に軍政との初めての対話が行われる。直前にサンチアゴ大司教に就任した保守派のフランシスコ・フレスノ枢機卿の仲介のもとで、非常事態の解除や報道の自由が認められた。対話は決裂したが、政治開放の契機となる。ついで八五年、ほとんどの政党と市民組織の支援を得て、大司教は八〇年憲法の改正を含む「完全な民主主義体制への移行のための国民協定」を発表、民主化プロセスにおける教会の存在感を示した。

八八年の国民投票でピノチェト将軍への信任が否決され、民政移管が決定、八九年末の大統領選挙でＰＤＣのパトリシオ・エイルウィンが当選し、九〇年三月に民政移管が実現する。同年四月、「全国真実和解委員会」（ＴＲＣ）が設置され、翌年報告書が公表されるが、加害者の責任は問われなかった。九二年、サンチアゴ大司教は「連帯委員会」は役割を終えたとして、解散を決定した。

九八年末、退役後のピノチェト将軍が療養中のロンドンで「人道上の犯罪」容疑で突然逮捕・拘禁され、二〇〇〇年に本国送還後、免責特権は剝奪、逮捕された。国民和解と人権侵害問題はようやく進展する。

3　中米の内戦と教会

中米紛争の展開

北米と南米、大西洋と太平洋を結ぶ十字路という戦略的要衝としての中米は、熱帯農産物の供給地として、また運河建設の適地として大国の干渉を受け、「米国の裏庭」と称されてきた。キューバ革命後の一九六〇年代から組織化が進んだ左翼革命運動は七〇年代後半に高揚する。八一年に登場した米国のレーガン政権はこの地域の革命運動を新冷戦期の国際共産主義運動の一環と捉え、地域の治安組織と協力してあらゆる戦略を駆使し、弾圧した。南米の軍部と「国家安全保障ドクトリン」を共有する中米の軍と準軍事組織は、これに抵抗する農民や市民を容赦なく弾圧・殺戮する「汚い戦争」に乗り出した。

貧しい先住民とその混血が多数を占める中米では（例外は白人系のコスタリカ）、カトリック信仰が根づき、とくにグアテマラ、エルサルバドル、ニカラグアでは解放の神学が盛んである。先住民の人権を守るため共に戦って弾圧された教会関係者は少なくない。

悲惨な内戦となった中米紛争も、周辺国（メキシコ、ベネズエラなど）のコンタドーラ・

グループによる平和解決の調停（八三年）以降、中米諸国も加わって解決の方向に転じた。八七年の中米和平合意（グアテマラ合意）で国民和解、停戦、民主化などの原則が謳われ、内戦終結に向かう。

ニカラグア――解放の神学者が閣僚に

一九七九年七月、サンディニスタ民族解放戦線（FSLN）は、米国と結ぶソモサ独裁体制を打倒して政権を樹立した。中米紛争の開始である。一九三四年に暗殺された反米ゲリラ闘士アウグスト・サンディーノに由来するFSLNには、貧しい農民がキリスト教基礎共同体（CEB）を通じて参加していた。

社会主義革命を標榜するサンディニスタ政権は、基本綱領に政治的多元主義、混合経済、非同盟外交の三原則を掲げ、キューバと異なる国造りをめざして、米国が軍事支援する反革命軍コントラと戦った。この三原則は八七年憲法にも明示されている。同政権で目立つのは解放の神学派の司祭たちが閣僚として入閣したことだろう。中米大学（イエズス会）の副学長、フェルナンド・カルデナルが教育相（もと全国識字十字軍の責任者）、ミゲル・デスコトが外相、詩人のエルネスト・カルデナル*文化相など五名の聖職者は、辞任を迫るバチカンや司教団に対し、政治活動を禁じる教会法を守って司祭としての務め（ミサを行うなど）を控えた。

八四年末にFSLNのダニエル・オルテガが大統領に選出されると、米国のレーガン大統領は政権第二期（八五—八八年）の対中米政策の中心をニカラグアの反政府ゲリラ・コントラの支援に置いた。米国の政策を支持する司教団はバチカンの支持を得て、政府の政策を国の内外できびしく批判。CEBと共に勢力を拡大した人民教会に対しても、司教団と教皇ヨハネ・パウロ二世はきびしい姿勢でのぞんだ。教会は革命派と反革命派に分裂する危機に陥った。

しかし八〇年代半ば以降、中米和平合意に基づいてオバンド枢機卿の仲介で政府とコントラとの対話が始まる（八八年）。内戦が終わり、九〇年の選挙でFSLNが敗れるまで、司祭たちは政権に留まった。貧しい人々に寄り添い、米軍の軍事介入を阻止する目的からだった。レーガン政権が八三年にカリブ海の社会主義国グレナダを軍事侵攻した目的は、ニカラグアへの見せしめであった。

＊　E・カルデナルはニカラグア湖に点在するソレンチナーメ諸島に六〇年代半ばに移住して、農民と共にCEBを設立した。字が読める人が聖書を読み、自由に語りあうこの共同体も、七七年にソモサの国家警備隊に焼き尽くされ、カルデナルも一時亡命を余儀なくされた。共同体では絵画（素朴画）や織物など文化の民衆化活動が盛んで、素朴画カレンダーは日本でも人気である。

エルサルバドル――救世主の国の悲劇

小国エルサルバドル（面積は四国ていど）でもCEBは民衆の政治的覚醒を促し、多くのメンバーが革命組織に加わった。一九七二年と七七年の大統領選挙でキリスト教民主党（PDC）を中心とする改革派が勝利したが、軍の弾圧を受けて政権掌握を阻まれる。七九年の改革派軍人によるクーデター後に設置された軍民評議会には、中米カトリック大学学長やPDCも参加し、この「救世主《エルサルバドル》」の国にも新しい時代が訪れるかに見えたが、評議会の主導権は次第に右派軍部に握られる。農地改革を求め人権抑圧に抵抗する教会は弾圧の対象となり、七七―八〇年に十数名の司祭と修道士が殺害された。八〇年三月には「同胞を撃つな！」と説教していたオスカール・ロメロ大司教が説教中に凶弾に倒れた。保守的な学究派だったが、教会弾圧の嵐のなかで政治姿勢を変え、プエブラ会議（CELAMⅢ、メキシコ・プエブラ、七九年）に積極的に参加した聖職者である。

八〇年にはいくつかの革命組織が結集、農民反乱で銃殺された共産党指導者の名をとってファラブンド・マルティ民族解放戦線（FMLN）と名乗った。米国のレーガン政権（第一期、八一―八四年）はFMLNの勝利阻止を中米政策の中心に置き、巨額の戦略援助を投入する。しかしこうした政策は国際世論や人権団体の非難を受けた。さらに紛争の政治的解決を求めるリベラ・イ・ダマス大司教の働きかけを受けた米国議会との妥協の末、民政移管の方向に向かうが、進展はなかった。

八四年から始まった政府とＦＭＬＮとの間の和平交渉が本格化したのは、八九年の選挙によって極右の国民共和同盟（ＡＲＥＮＡ）政権が発足したのちである。同年一一月、ＦＭＬＮが総攻撃を開始した直後に、「エルサルバドルの良心」として国際的にも知られた中米大学の学長ら八名のイエズス会関係者が、政府軍特殊部隊によって虐殺された。この事件後、国連が中心になって和平交渉を仲介、九二年の和平合意で内戦が終結、ＦＭＬＮは合法政党へ転じた。二〇〇九年の選挙で同党は初めて政権を獲得、一四年の選挙でも政権を維持し、一九年初頭に任期を全うする。

グアテマラ——メンチュウとヘラルディ

長期個人独裁が続いたこの国で、初めての選挙でＪ・アレバロとＪ・アルベンス二代の改革派政権（一九四四—五四年）が生まれた。この政権は農地改革法により米系バナナ会社（ユナイテッド・フルーツ社）の土地を収用し、農民に分配した。しかしこれに反対する米国のＣＩＡ（中央情報局）と反革命軍の攻撃によって、「グアテマラの春」と呼ばれた時代は終わる。

グアテマラはマヤ系先住民が人口の六割以上を占める。マヤ系が多い西部のキチェ県を中心に解放の神学派の聖職者たちが草の根開発プロジェクトを手がけ、先住民とゲリラと聖職者の連携が生まれる。六〇年代から土地を求める農民ゲリラとこれに対する政府軍および右翼テロ組織による掃討作戦から内戦となった。

キチェの貧農の娘リゴベルタ・メンチュウはカテキスタ（宣教補助者）として働きつつ農民運動の指導者となる。両親と弟を政府軍に虐殺され、メキシコへの亡命を余儀なくされたのもこの頃である（八一年）。虐殺の実態を国連などで語り続けた彼女は、九二年に「コロンブス新大陸到着五〇〇年」を記念してノーベル平和賞を受賞、国連は九三年を「国際先住民年」に定めた。

福音派プロテスタントの将軍リオス・モントが八二年にクーデターで大統領となって、掃討作戦は徹底的かつ体系的となった。米国が支援する掃討作戦から逃れた難民の定住地で福音派が勢力を拡大、カトリック教会が体制による暴力を批判して、紛争はプロテスタント対カトリックの様相をおび始める。「モデル村」という強制収容所で行われる洗脳的教育を逃れて、多くの先住民がキチェの山岳地帯に数年間身をひそめて抵抗した。八七年に始まった和平交渉の動きは弾圧の激化で頓挫し、交渉が進展したのは九四年に国連が政府とゲリラ組織「グアテマラ民族革命連合」（URNG）との仲介役となってからで、「恒久的和平協定」（九六年）により三六年におよぶ内戦が終結する。

国連の真実究明委員会が発足する以前から、キチェではファン・ヘラルディ司教を中心に識字教育などを通じて先住民神学の育成が進められ、「歴史的記憶の回復プロジェクト（REMHI＝レミー）」による内戦の膨大な調査が三年かけて行われた。一六〇〇ページにおよぶレミーの報告書『グアテマラ・二度とふたたび』が公刊された直後の九八年四月、ヘラルディ司教は虐殺された。

4　南欧・アジア・アフリカ・東欧の民主化と教会

ポルトガルの一九七四年革命と植民地帝国の終焉

一九三〇年代のファシズムが凍てついていたようなイベリア半島に雪解けが訪れたのは、一九七〇年代半ばである。二六年のクーデターで成立した軍事政権の蔵相に起用されたオリヴェイラ・サラザール（コインブラ大学の経済学教授）は、三二年に首相に任命されると、教皇レオ一三世が唱導するコーポラティズム（労使の対立を抑える協調組合主義）にもとづく「新国家」（エスタード・ノーヴォ）体制を確立する。しかし六〇年代になるとサラザール体制は揺らぎ始める。

アフリカの年といわれた六〇年以降、英仏領アフリカ植民地は相次いで独立に向かったが、サラザールは植民地を本国と一体の海外州とみなして、独立を認めなかった。アンゴラ、モザンビーク、ギニア・ビサウなどで十余年に及ぶ植民地解放闘争が開始され、ポルトガルは対外的に孤立し、植民地の独立を支持するバチカンとも軋轢が生じた。

六八年、引退したサラザールを継いだM・カエターノ首相のもとで、泥沼化した植民地戦争の戦費は国家予算の四割に達した。戦場の軍人の中から解放勢力の思想に共感し、植民地問題の政治解決と本国の社会改革を求める動きが生まれる。大尉たちの運動として始まったこの動きは国軍運動（MFA）に発展。七四年四月、国軍運動のクーデターによって半世紀に及ぶサラザール体制はあえなく崩壊した。赤いカーネーションに彩られた革命的熱気の中で、軍人と、亡命先から帰国した社会党・共産党書記長などから成る挙国一致内閣が成立する。翌年、アフリカ植民地の独立が実現するが、アジアの東ティモールは内戦を経てインドネシアに併合された。本国では激しい権力闘争の過程で、国軍運動左派と共産党が政治の実権を握り、基幹産業の公有化と徹底した農地改革に着手する。革命一周年目に行われた政権議会選挙で中道左派が圧勝したにもかかわらず、共産党と国軍左派は

「少数精鋭による多数の支配」に乗り出した。

国民の八割をカトリック信徒が占めるポルトガルとバチカンとの関係が、六〇年代以降、微妙なものとなる。社会改革を求める教皇の回勅は検閲の対象とされ、社会正義を主張して政府の政策を批判したポルトの司教は、一〇年間追放の憂き目にあった。共産党主導の革命がピークに達した七五年半ば、これに抵抗する運動がカトリック地帯の北部で広がった。「ポルトガルのバチカン」といわれるブラガ市のカトリック勢力は、極左派に占拠されていたカトリック放送局の返還を迫り、北部全域の共産党本部が襲撃されて、内閣は総辞職に追いこまれた。翌年二月に民政移管が決定。四月に新憲法が制定され、M・ソアレス社会党政権が発足して、西欧型民主国家がスタートする。

スペインのフランコ体制から民主化へ

一九三六年に始まった内乱は、三九年に反乱軍（ファシストのフランコ派）の勝利で終わった。第二次大戦後、孤立していたスペインの地政学的重要性に着目した米国の働きかけで、ファシズム国家として排除されていた国際連合への加盟を果たし（五五年）、五六年には植民地モロッコの独立を承認し、七四年に西サハラの領有権を放棄する。第二共和制時代（一九三〇—三六年）に国家と教会の分離が制度化されたが、フランコ体制のもとでカトリシズムは再び公式の国家宗教となった。フランコ体制の経済発展を牽引したのは、内戦期のスペインで生まれた保守的なカトリック宗教組織オプス・デイ（神の御業）である。平信徒が専門職を通じて献身するオプス・デイのメンバーは、フランコ政権に経済閣僚として入閣。六九年には全閣僚一九名中一二名をこのテクノクラート（技術官僚）が占めた。ファランヘ党、王党派、軍部への体制の依存度を減少させつつ、オプス・デイは体制の維持に貢献する。しかし権力を誇ったテクノクラートも七〇年代初頭の金融スキャンダルにまきこまれて凋落する。

六〇年代に労働者・学生による民主化を求める運動や民族主義運動（とくに「バスク祖国と自由」＝ＥＴＡ）が激化し、フランコ体制への対抗勢力となった。体制を支えてきたカトリック教会に変化が起き始めるのは、貧しい農民や労働運動の周辺からである。大土地所有制が支配的な南部の司教たちの中から、司牧書簡で体制の社会政策を公然と批判する動きも生まれた。

第二バチカン公会議にスペインは約五〇名の司教を送り込んだが、出席者のなかで最も保守的な一団だった。バチカンはフランコの抵抗に抗して、叙任権を用いて高齢の司教を辞任に追い込むことで、司教団の刷新に成功する。七一年には穏健な多数派を代表するタランコン枢機卿が司教協議会の議長に選ばれ、体制に対して公然と自由化・民主化を要求し始める。この年の第一回司教・司祭合同会議で、社会正義と人間の尊厳を尊重すべきことが謳われ、内戦中に教会がフランコ派に加担して十字軍の呼称を与えたことを謝罪した。

民主化への移行期における教会の役割は三つのレベルで確かなものとなった。第一は反体制運動のなかで、世俗左翼に属するカトリック教徒が積極的役割を演じたことだろう。第二に教会は反体制の集会に教会や修道院などの施設を提供することで、反体制組織に宗教的正統性を与え、第三に熾烈な内戦と独裁によって分断された市民社会が和解・共存するための象徴的空間を提供したことにある。

七五年末、反体制運動が高揚するなかでフランコは没した。直ちにファン・カルロスが国王に就任して王制が復活し、スアレス首相のもとで体制内改革に移行する。七九年憲法は、主権在民に基づく立憲君主制と政教分離を基本としながら、カトリック教会との協力を維持する折衷的内容だが、フランコ体制と完全に決別した。八二年の総選挙で社会労働党のフェリペ・ゴンサレス政権が誕生、スペインがポルトガルと共にEC加盟を認められたのは、その三年余り後の八六年である。八一年には離婚法が成立し、民事婚もふえている。

フィリピンの独立と民主化――二つの革命とカトリック

アジアで唯一のスペイン領植民地であったフィリピンは、人口（二〇一六年に一億二二五万人）の九割以上がキリスト教徒で、ほとんどがカトリックである。北部のルソン島までイスラム化の波が及んだ一五二一年にマゼランが到来し、一六世紀後半以降、三世紀余にわたるスペイン統治時代が始まる。国王フェリペ二世の名にちなんで、植民地はフィリピンと命名された。修道会を中心とする政教一致の植民地政策を通じて、カトリシズムは民衆の宗教として定着した。しかしこのカトリシズムが一九世紀末にフィリピン人在俗（教区）司祭への人種差別を不当とする反修道会・反植民地運動に発展する。独立運動は一八七二年に暴動の扇動者として三人の司祭が処刑された事件に端を発し、知識人のホセ・リサールらがフィリピン民族同盟を結成（一八九二年）。彼が流刑に処せられると、A・ボニファシオは秘密結社カティプナンを率い、スペインからの独立をめざして武装蜂起した（九六年）。フィリピン革命の開始である。革命派の権力闘争に勝ったE・アギナルドは一八九八年に独立を宣言、アジアで最初の共和国の大統領となった。

しかし同年、フィリピンとキューバを舞台に起きた米西戦争によって、フィリピンは米国に割譲され、反米闘争の末一九〇二年に米国の統治下に入った。以後プロテスタントが到来する。第二次大戦中日本軍に占領され、独立したのは四六年である。フィリピン革命の過程で、多数のフィリピン人在俗司祭が革命運動に参加した。リーダーのG・アグリパイ司祭は教会の民族化（フィリピン人司祭を中心とするカトリック教会）を構想したが、バチカンが認めなかったため、一九〇三年にローマを離れたフィリピン独立教会が誕生する。当時人口の四分の一を占めた信徒は、現在数％に留まる。

第二次大戦後の冷戦期、米国主導の政権が続いた。なかでも一九六五年に就任したF・マルコス大統領は共産ゲリラ台頭を理由に戒厳令を発令（七二年）、強権化した。政敵ベニグノ・アキノ元上院議員が亡命先の米国から帰国した直後の空港で暗殺され（八三年）、反独裁運動が激化する。夫人のコラソン・アキノが出馬した八六年二月の大統領選挙でマルコスは四選されたが、これを不正選挙とする市民の「ピープル・パワー」が退陣を要求した。

戒厳令後マルコス独裁政権に対して次第に批判的になったのは、穏健派のハイメ・シン枢機卿を中心とするカトリック教会だった。フィリピンには教皇パウロ六世が七〇年に訪れ、ケソン・パークでのミサで一五〇〇万の信徒にバチカンⅡの精神を説き、アジア随一のカトリック国に期待を寄せていた。八六年二月の選挙に際してカトリック司教協議会は司教教書を公布して、マルコス政権が統治の道義的正統性を失ったと断言、大統領追放を容認する。教会のラジオ・ベリタスは情報を伝え、人々に行動を促した。

二月二二日、J・エンリレ国防相（カトリック）とF・ラモス前参謀総長（プロテスタント）はマルコスに対し軍の反乱を宣言、枢機卿に協力を要請した。二月革命の開始である。翌日、エンリレとラモスは聖母マリアの像を背にした記者会見で、不正選挙を弾劾しアキノ支持を表明、アキノ夫人の非暴力の方針を司教団も支持した。二五日、独裁者支持を断念したレーガン政権下の米軍のヘリコプターで、マルコスは国外に脱出する。

韓国の民主化と新旧キリスト教会

アジアのなかでフィリピンに次ぐキリスト教国の韓国（大韓民国）では、宗教人口の半数をキリスト教徒が占める（二〇％がプロテスタント、カトリック八％、仏教徒一六％、いずれも二〇一五年推定）。政治家にもクリスチャンが多く、大統領経験者の李承晩（在任一九四八―六〇年）と金泳三（一九九三―九八年）はプロテスタント、金大中（一九九八―二〇〇三年）はカトリックである。カトリック（天主教）の公式の歴史は、一七八四年に李承勲が北京に出向いて受洗し、帰国後宣教活動を開始したことに始まる。以後キリスト教は中国を経由して伝えられた。プロテスタントは一八八五年に米国人宣教師によって布教が開始される。朝鮮半島が日本の植民地とされた時代（一九一〇―四五年）、教会は反日と抵抗運動の拠点となり、弾圧を受けながらも信者が増加する。三〇年代、神社参拝を強制されたが、カトリックはこれに妥協し、プロテスタントは抵抗して激しく弾圧された。

第二次大戦後も朝鮮半島は米ソによる南北分割統治（一九四五―四八年）を経て朝鮮戦争（五〇―五三年）、次いで軍事独裁体制という苦難の歴史を歩むことになる。六一年の軍事クーデターで登場した朴正熙は、国家安全保障体制のもとで輸出主導型経済成長をはかった。七一年の大統領選挙で民主化をめざす金大中は選挙干渉で敗れ、戒厳令（七三年）のもと、朴大統領の独裁を強化する維新憲法が公布される（第四共和制）。この頃から民主化を求める運動はきびしい弾圧にもかかわらず、学生、労働者、教会を中心に展開する。

七九年、朴正熙が暗殺されたのち全斗煥少将らがクーデターで軍の実権を握ると、民主化要求の学生デモを背景に、次期政権をめざす「三金」（金鍾泌、金大中、金泳三）の活動が活発となる。戒厳令が強化されるなか、南西部の光州市で「三金」の拘束などに抗議する学生や市民に対し、軍は空挺部隊や戦車を投入（八〇年五月一八日）、多数の死傷者や拘束者が出た。市民の反発は韓国軍を指揮下に置く米国にも及んだ。この光州事件は八〇年代の民主化運動の原点となり、運動は国家対教会の様相を呈し始める。八〇年九月、正式に大統領に就任した全斗煥は新憲法を制定（第五共和制）、「三金」ら数百人の政治活動を禁止した。八三年に訪韓したレーガン米国大統領は全政権を支持しつつ民主化を求め、伝道二〇〇周年を記念して八四年にこの国を訪れた教皇ヨハネ・パウロ二世は、光州市のミサで人権擁護と和解を説いた。

民主化を求める市民組織はそれぞれ金勝勲神父と文益煥牧師を代表に結集、八五年の議会選挙で与党民正党に対し野党新民党が進出して二大政党制が出現する。ソ連で民主化を求めるゴルバチョフ政権が八五年に登場し、フィリピンで独裁政権が倒れる（八六年）なか、全斗煥大統領は大統領直接選挙制を柱とする憲法改正を拒否（八七年）、ソウル大学学生の拷問死などにも反発した正義具現全国司祭団などの在野勢力は、集会やデモで抗議する。八八年のソウル・オリンピック実現のためにも、権威主義体制存続による国際的孤立は避けなければならなかった。与党穏健派の大統領候補、盧泰愚は同年六月に改憲を含む民主化宣言を発表、金大中ら数千人の復権を認めた。韓国における民主化への移行が始まり、金大中はその功績でノーベル平和賞を受賞した（二〇〇〇年）。

韓国の民主化運動の特徴はカトリックとプロテスタントの協力にあり、民主化闘争の中から生まれた民衆《ミンジュン》神学に見られる従属論は、韓国への進出著しい日本資本への従属を意識している。かつてキリスト教が盛んだった北朝鮮では、朝鮮民主主義人民共和国成立（四八年）後、多くの信者が南に逃れた。しかし近年平壌に教会ができ、二〇〇二年の国連への申告によると一万二〇〇〇人の信者がいる。

南アフリカ共和国の反アパルトヘイト闘争と教会

一九六〇年代、アフリカ諸国が解放・独立に向かった時代、南アフリカでは人種隔離政策が強化された。一七世紀中葉、オランダ東インド会社がケープタウンに入植後、一八世紀末に到来したイギリスによってケープ地方は英領となった。オランダ系白人（ボーア人）は内陸部に大移動、二度のボーア戦争（一八八〇―一九〇二年）の末、英自治領南アフリカ連邦が成立する。一九一〇―三〇年代には、白人保護のためアフリカ人の参政権を奪い隔離する諸法が成立、その背景にはオランダ改革派教会（NGK）の白人優位を掲げる選民思想があった。これに対しアフリカ人はアフリカ民族会議（ANC）を結成して（一九一二年）抵抗する。

第二次大戦後、「黒禍《ブラック・ペリル》」と「国際共産主義の脅威」を掲げた国民党が四八年に政権を掌握、差別の制度化が進行する。六一年に共和制に移行して英連邦を脱退するが、アフリカ人の反体制運動と弾圧は激化、シャープビル虐殺事件（六〇年）、ANCの指導者ネルソン・マンデラの逮捕（六二年）、ソウェト蜂起（七六年）に発展した。八四年にアフリカ人を隔離したうえ、白人、カラード（混血）、インド系の人種別三院制議会が成立、激しい暴動に対して非常事態宣言を行ったので（八六年）、米国などは対南ア経済制裁にふみ切った。ANCなどの組織が非合法化されたのち反アパルトヘイト運動を担ったのは、キリスト教徒が人口の八割を占める同国の教会だった。南アフリカ教会協議会（SACC）はエキュメニカルな立場から問題解決に乗り出し、シャープビル事件後の六〇年の会議でアパルトヘイト異端決議を行うが、NGKは脱会した。聖公会やメソジストなどの英国教会が人種主義と戦う姿勢を明確にしたのは六〇年代以降、少数派ながらユダヤ教会、カトリック教会も同様である。八二年に世界改革派教会連盟（WARC）もアパルトヘイトを異端とした。南アフリカ・オランダ改革派教会（NHK）はWARCを脱退したが、八六年にアパルトヘイトを不正と認めたNGKはWARCに留まり、南アフリカ最大の教派となっている。さらに三〇〇をこえる分派独立教会が存在する。

八五年、南アフリカのさまざまな教会に属する神学者一五三名が、アパルトヘイトの廃絶を求める『カイロス文書』（副題は「教会への挑戦——南アフリカの政治的危機に対する神学的コメント」）を公表する。カイロスとは聖書によれば、神から与えられた決定的行動への機会を意味する。アパルトヘイトに対する教会の立場を国家神学・教会神学・預言者的神学として分析し、求められているのは被抑圧者の側に立つ預言者的神学であるとしたこの文書は、人種を超えて体制変革の力となった。

八九年に就任したF・デクラーク大統領は対話路線に転じ、ANCと共産党を合法化

（九〇年）、マンデラを二七年ぶりに釈放する。翌九一年、アパルトヘイト諸法を全廃、九三年末にマンデラとデクラークはノーベル平和賞を受賞、九四年に全人種選挙が行われ、マンデラＡＮＣ議長が初のアフリカ人大統領に就任した。

翌九五年、国会は国民和解のため「真実和解委員会」（ＴＲＣ）を設置、反アパルトヘイト運動の指導者であるデズモンド・ツツ大主教（聖公会、八四年にノーベル平和賞受賞）を委員長とし、法律・宗教関係者が委員をつとめた。ラテンアメリカのアルゼンチンやチリなどのＴＲＣが影響を与えたとみられるが、南アフリカの場合、責任者を法的に処罰せず自省を促した背景には、アフリカ社会の伝統的共生の思想「ウブントゥー」があった。

ポーランドの民主化と教会――冷戦体制崩壊へ

ヨーロッパの東の辺境に位置するポーランドは、一〇世紀にローマ・カトリック教を受容した。国境を接するドイツなどからの教会を通じた圧力を避け、遠いローマに従うことで独立をめざしたのである。しかしロシア・プロイセン・オーストリア三国によってポーランドは分割され（一七七三―一九一八年）、国家を失うという苛酷な体験を強いられる。この時代の体験は、ポーランドで国家の権威を失墜させる一方で、強烈なナショナリズムの感情を育て、カトリック教会に対する信頼と権威を高めることになる。以後、カトリック教会はポーランド人の精神的支えと抵抗の象徴となった。

第二次大戦中、ナチス・ドイツとスターリンのソ連の占領下にあったポーランドは、戦後ソ連圏の社会主義国家としてスタートする。それまで多民族・多宗派だったポーランドは、戦後国境が西に移動したので、民族・宗教ともに同質的なカトリック国となった。統一労働者党（共産党）の支配のもとで、教会弾圧が始まる。政府は一九四九年にバチカンと外交関係を断ち、バチカンは共産党員破門令で応酬。五二年に公布された人民民主主義憲法は「良心と信仰の自由」を条件付きで保障したが、教会所有地は没収され、学校における宗教教育は廃止される。弾圧は五三年にヴィシンスキー首座大司教が逮捕されて、頂点に達した。

五六年のソ連共産党大会でフルシチョフはスターリン（五三年没）を批判し、ポーランドでは民族主義派のW・ゴムルカが第一書記に返り咲いた。ヴィシンスキーら聖職者は釈放され、宗教活動にかなりの自由が認められる。しかし七〇年一二月に起きた食糧品値上げに反対する労働者の暴動を契機に、ゴムルカは辞任に追い込まれる。同月末に公表された司教団の書簡は、国民の生存と独立の権利（良心の自由・宗教的自由、社会正義、物質的に良い状況を求める権利など）を保障するよう政府に要求した。教会を反近代的組織と見なしてきた知識人も、八〇年代に労働者の運動である「連帯」を教会と共に支えることになる。

かつて「ヨーロッパの穀倉」と言われたこの国は、コメコン（共産圏経済相互援助会議）内の中進国として機械輸出に特化した。しかし西側諸国からの近代的機械や設備の輸入を増やさざるを得ず、その支払いに農産物と食糧を輸出に向けることになる。債務は増加し、食糧不足による値上げから、ストライキが頻発した。ゴムルカの後任のギエレク政権は経済開発政策に転じ、消費財輸入を拡大したので、債務は累積的に増大する。

七八年一〇月、クラクフ大司教カロル・ヴォイティワ枢機卿が教皇ヨハネ・パウロ二世に選出される。同教皇は七九年から二〇〇二年までの間に九回祖国を訪れ、体制移行を支援した。八〇年七月の食肉の値上げに反対する全国規模のストライキが契機となって、八月にグダニスクのレーニン造船所で若い電気工レフ・ワレサが指導するストライキが起き、九月に独立自主労組「連帯」が発足、全国に拡大して知識人・学生も「連帯」運動に参加した。しかし二一項目に及ぶ連帯の要求は容易に実施されず、アフガニスタンに侵攻中のソ連が八一年に国境に軍を集結させるなか、ヤルゼルスキー首相は戒厳令を宣言した（一二月）。ワレサを始め数千人の活動家が捕えられ、「連帯」運動は非合法化される。

これよりさき、八一年一月にワレサはバチカンで教皇と会見した。教皇の祖国巡礼が「連帯」誕生の力となったからである。グダニスク造船所の労働者たちがストライキの前に聖餐式でひざまずき、祖国の守護神である黒い聖母像のバッジをつけたワレサが「われわれの祖先は西からキリスト教を受け継いだ」と語るように、教会はポーランドの聖俗両面での権威であり、支えだった。

ポーランド系移民の多い米国では、ゴムルカ大統領時代（一九四五―四八年）のポーランドに対し、経済援助や文化交流が開始される。カトリックのケネディ政権（六一―六三年）では、経済をテコにソ連の東欧支配の弱体化を図る姿勢が鮮明となり、ポーランドなどとの貿易を再開した。敬虔なバプティストのカーター大統領（七七―八一年）のもとで国家安全保障担当補佐官をつとめたブレジンスキーは、出身地ポーランドに強い関心を抱いていた。米国に多額の債務を負うポーランドに対し、この時期小麦などの輸入費を含む巨額の借款が供与される。八二年、ソ連のブレジネフ書記長の没後にワレサは釈放され、翌年ノーベル平和賞を受賞する。

ソ連におけるゴルバチョフ書記長のペレストロイカ（改革）の急速な進展が、ポーランドの政治改革の動きを加速させた。八九年二―四月に政府と「連帯」代表が教会代表を仲介に円卓会議を開催。政治的複数主義、司法の独立、国家による経済介入の制限などが合意された。この政労合意に基づいて行われた六月の選挙で「連帯」が圧勝し、東欧初の非共産党政権が成立して（九月）、脱社会主義政策を展開。九〇年一一月の大統領選挙で民主化のシンボルであるワレサが勝利して、ポーランドは新時代を迎えた。
この円卓会議方式は、他の東欧諸国が踏襲するモデルとなった。こうしてポーランドの「連帯」を先導役に進行した革命は、東欧諸国における共産党一党独裁体制の崩壊へドミノ式に拡大し、ベルリンの壁の崩壊（八九年）に象徴される冷戦体制の終焉、さらにはソ連邦の解体（九一年）に至る。

主にカトリック勢力による二〇世紀後半の民主化の動きは、序章でふれたハンチントンの論考が示唆した流れでもある。この時代にカトリック教会が、カサノヴァが主張する公共宗教化した事情もある。民主化に背を向けていたアルゼンチン・カトリック教会が次第に公共宗教化するなかで、ベルゴリオから教皇フランシスコに至る道が準備される。教会を民主化に向かわせた背景には、プロテスタント勢力の拡大への危機感もあった。

第六章　プロテスタントの拡大とカトリックの対応

ナイジェリアのペンテコステの大教会（228頁参照：*America*, Nov. 27, 2017）

1　福音派とペンテコステ派の隆盛

カトリックの牙城ラテンアメリカでは、一九六〇—八〇年代の軍政・内乱期に解放の神学などによる民主化の動きが注目された。しかしその陰でプロテスタント勢力が急上昇し、とくにペンテコステ派と称する新しい潮流が伸長し、その政治的動向は見逃せない状況にある。またアフリカでも同様の動きがみられる。

ラテンアメリカでプロテスタントへの門戸が開かれたのは、一九世紀初頭の独立以降である。カトリシズムと保守主義との結びつきを懸念する自由党政権のもとで、一九世紀後半以降ヨーロッパから布教団が到来、宗教改革を起源とするバプティスト、メソジスト、プレスビテリアンなどの歴史的諸派による布教が開始される（布教の第一波）。

布教の第二波は、一九世紀末から二〇世紀初頭の米国から膨張主義的外交政策を背景に、自由民主主義を南に伝えるとして布教活動が活発化した。中心になったのは神学的保守派の福音派である。福音派はギリシャ語の euangelion（良い知らせ）に由来し、聖書の絶対的権威を信条とする。米国では福音派は新宗教右翼として大きな政治力を持ち、ラテンアメリカなどへ積極的に働きかけてきた。エバンヘリコ（福音派）はラテンアメリカでは非カトリックのクリスチャンの総称となる。

布教の第三の波は同様に米国から一九三〇年代以降伝えられたペンテコステ派である。その起源は一九世紀末から二〇世紀初頭にかけて米国西海岸を中心に起きたリバイバル（信仰覚醒）運動にあり、ラテンアメリカでめざましい勢いで急成長を遂げている。この傾向はキリスト教が盛んなアフリカや韓国でも同様である。

ペンテコステとは、キリスト復活後の五〇日目（五旬節）に起きた聖霊降臨祭*を意味する。聖霊の洗礼を受けた者は異言（グロッソラリア）を語る力など聖霊の賜物（カリスマ）が与えられ、信者は礼拝中に憑依状態になり、歌い踊る。教義よりも神との直接の交わりが重視される。

＊　ペンテコステはギリシャ語の「第五〇」を意味し、旧約聖書では過越《すぎこ》しの祭りから五〇日目の七週祭を指したが（「出エジプト記」）、新約聖書ではイエスの復活から五〇日目と解釈された（「使徒言行録」）。

キリスト教は本来、聖霊や悪魔や奇跡に満ちた神秘的な宗教だった。教会の制度化と近代化にともない、教義と儀礼が中心となった。聖書への回帰運動がプロテスタントの中心、米国西部のリバイバル運動に起因するのは偶然ではない。

福音派の一部とペンテコステ派は、一般にファンダメンタリスト（原理主義者）と称される。聖書の無謬性を信じ、近代科学に強い反感を持ち、自分たちの宗教的見解に同調しない人を真のキリスト教徒と認めない。教派や教会の相違をこえて世界的神学を志向するエキュメニズムや多様性を否定する。こうした原理主義的人々を、プロテスタントの主流派やカトリック教徒はセクト（スペイン語でセクタ）と呼ぶ。こうした原点回帰（原理主義）の動きは、近年イスラム圏を含め世界的にみられる傾向である。

ペンテコステ派が伸長したブラジルを代表するユニバーサル教会（神の王国ユニバーサル教会＝IURD）をとりあげよう。貧富の差が拡大した軍政期の一九七七年にエディル・マセドが設立し、米国から「繁栄の神学」を導入した。神は投資に利子をつけて返すとして収入の一割（十分の一税）を徴収、テレビ・ラジオ・出版・銀行・観光業などに進出する。さらに出かせぎ労働者を追って、八〇年代以降ラテンアメリカ諸国、アフリカ（南アフリカ、アンゴラなど）、ヨーロッパ諸国、米国、日本に拠点を設け、グローバルな多国籍企業あるいは「帝国」とも称される拡大ぶりである。サッカー場などの大集会場の礼拝に集まるのは貧しい人々である。繁栄の神学にみられるペンテコステのエトスは、ネオリベラルな資本主義の精神を支えるものであろう。またアフロ・ブラジル宗教のカンドンブレなどに見られる憑依霊を悪魔と見なすペンテコステは、人種主義とも受け取られている。

近代欧米の市民社会を内面から支え、資本主義の発展を促したプロテスタンティズムは、現代のラテンアメリカなど発展途上地域において下層民衆の宗教として、周辺資本主義の周縁部を支える役割を果たしている。

2 カトリック・カリスマ派の台頭

植民地時代以来、旧秩序を擁護してきたカトリック教会は一九六〇―八〇年代に大きく変貌した。福音と社会正義を結びつける「解放の神学」は教会の布教路線として公認される。ブラジルやチリなどで教会は軍事政権の国家安全保障政策を批判し、人権侵害に抵抗して野党的役割を果たした。中米の内戦にも多くのカトリック教徒が参加し、ニカラグアの社会主義的なサンディニスタ政権に数名の解放の神学者が入閣する。これらの国ではプロテスタント人口が拡大しており、これに抵抗する勢力として解放の神学が定着した。南米の民主化と中米紛争の終結に果たしたカトリック教会の役割は大きかったが、ラテンアメリカの冷戦時代が終焉するとともに、教会も方向転換を迫られた。

ラテンアメリカにおけるカトリック離れは著しく、たとえば世界最多の信者を擁するブラジルでは、八〇年代に国民の九〇%を占めたカトリック教徒は二〇〇〇年に七四%に減少した（ブラジル地理統計院の調査）。教会婚が減少し、信者の避妊がふえている。活気を失ったカトリック教会のなかで伸びが著しいのがカトリック・カリスマ刷新（CCR）という信徒運動である。

ペンテコステ運動同様、このカリスマ運動*も主に一九六〇年代以降の米国で生まれた。なかでもカトリック系のCCRは、一九六七年ピッツバーグ市のカトリック系デュケーヌ大学のセミナーで、プロテスタントの聖霊降臨派と接した学生や教授たちから誕生する。二年後にブラジルに、ついでラテンアメリカの主要都市に伝わった。いわばバチカンⅡのエキュメニカルな（宗派間交流的）流れの中から生まれたこの運動は、当初中流で学歴の高い層が担い手だったが、次第に貧しい人々の間に浸透する。

＊ カリスマはギリシャ語の「カリス」――恵み、賜物――に由来し、「霊＝神からの贈り物」を意味する。大地の産物に加え、癒しの力、信仰、異言などの能力を内容とする。マックス・ウェーバーが正統的支配権威の類型の一つに「カリスマ的支配」を認めたことから、一般社会でも広く用いられている。

CCRの台頭を警戒したラテンアメリカの司教たちが次第に支持に転じたのは、カトリック教徒がペンテコステに改宗するのを阻止する役割をCCRに期待したからである。バチカンⅡは「教会憲章」の中で聖霊と霊の賜物（カリスマ）を高く評価しており、教皇パウロ六世もCCRを承認せざるを得なかった。カトリック・カリスマ刷新がペンテコステと異なるのは、前者が教皇と聖母マリアへの信仰と忠誠心を維持していることにある。しかしカトリックの聖職者のなかには、CCRの聖霊中心主義が聖職者の仲介と権威を脅かすのではとの不安があった。

七八年に教皇の座についたヨハネ・パウロ二世は、引退した司教の後任に保守的な人物を相次いで任命し、政治・社会問題への過度の関与を戒め、儀式と霊的側面の重視を求めた。このローマ化戦略のもとで、「解放の神学」は「カトリック・カリスマ刷新」に道を譲ることになった。解放の神学派の勢力が強いブラジル全国司教協議会（CNBB）がカリスマ刷新運動を公認したのは、九四年以降である。カリスマ運動はネオ・ペンテコステ運動とも称されるようになる。

カリスマ刷新運動のポップスターとして九〇年代後半からブラジルで注目を浴びたのが、マルセロ・ホッシ（ロッシ）神父である。もと体育教師の神父が大礼拝所で歌い踊る陽気なミサの様子は大音響で流され、現世利益と癒しを求める貧しい人々を惹きつけた。

こうしたカリスマ刷新運動がカトリック離れの防波堤になりうるのか、問題であろう。『世界キリスト教百科事典』を編纂したバレットは、「横断的メガブロック・グループ」として福音派とペンテコステ・カリスマ派を一つのカテゴリーに入れ、それぞれを同じ宗派とみなしている。つまり両者を同一視しているのだ。同書によると二〇〇〇年に約二〇億人のキリスト教徒（世界人口の約三三％、ムスリムは約二〇％）の三・五％を占めた福音派と八・七％を占めたペンテコステ・カリスマ派は、二〇五〇年には約三〇億人のキリスト教人口（世界人口の三四％、ムスリムは二五％）の五％（福音派）と一二％（ペンテコステ・カリスマ派）に達する。つまり福音派とペンテコステ・カリスマ派は、合計で全キリスト教徒の二割近くになると予測されている（Barrett et al, *op. cit.*, 2001, p. 4）。

福音派とペンテコステ・カリスマ派の伸長著しいラテンアメリカとアフリカでは、二〇五〇年の予測でラテンアメリカ（キリスト教徒が全人口の九二％）の福音派が九％、ペンテコステ・カリスマ派が二九％で、あわせてキリスト教徒の四割近く、アフリカ（キリスト教徒が全人口の四九％）でそれぞれ一一％、一八％で計三割近くを占めると予想されている（*Ibid.*, pp. 13–14）。

3 宗教的多元化のゆくえ

政治・経済面で、伝統的にプロテスタントが民主主義と市場経済を支持するのに対して、カトリックは権威主義と国家統制を擁護する傾向があった。教皇を頂点とする権威主義構造を持つカトリック教会では、自由放任資本主義の行き過ぎから労働者を守るため、国家の統制に期待するのが一九世紀末以降のバチカンの政策であった。しかし冷戦終焉後、軍政や社会主義経済の破綻と撤退から、司教たちは権威主義的政治や国家統制経済に警戒的になった。カトリックとプロテスタント両者の価値観と政策には共通する面も多い。

一九八〇年代以降の民政移管にともなって、政党政治へのプロテスタントの積極的参加が目立ちはじめ、ラテンアメリカ福音同盟が結成された。これら政治家の主張で目立つのは完全な政教分離の実現で、カトリック教会の法的特権（カトリック系の学校への公的助成など）の廃止、すべての教会に対する宗教的自由の保障が求められてきた。

現在のラテンアメリカは宗教的多元化——ペンテコステ、福音派、カトリック・カリスマ刷新派（ネオ・ペンテコステ）、アフリカ・ディアスポラ、先住民神学などの台頭と、カトリックおよびプロテスタント主流派（歴史的諸派）の衰退——状態にある。カトリックによる独占的宗教市場から宗教的規制緩和への転換期でもある。宗教をめぐる独占から自由競争への移行は、社会的には近代化の指標の一つとなるだろうが、ファンダメンタリズムの拡大がラテンアメリカの社会に何をもたらすか、検討の余地があろう。

ラテンアメリカのカトリック教会は組織的に弱体化の方向にある。教会の資源の乏しさ、なかでも聖職者不足は深刻である。聖職者になるには神学校での長期間の教育が必要なうえ、結婚は許されない。改宗するとただちに布教できるうえ、家族を持てるペンテコステ派の牧師の急増との差は開くばかりである。また聖職者不足を補うため外国人聖職者が多いことも、カトリック教会への親近感を弱めている。加えてカトリック教会は伝統的に地方単位としての教区を守ってきたので、容易にその修正や増加はできない。一方プロテスタントは容易に教会を増やし、離婚や女性の聖職者を認めるなど、弾力性に富んでいる。また解放の神学の拠点であったキリスト教基礎共同体（CEB）も、貧困地帯でペンテコステ派と競合関係にある。CEBでは個人的悩みを語りあうよりも、社会意識の高揚が求められる。

福音派ペンテコステ派が急速に拡大した背景には、ラテンアメリカにおけるキューバ化と「解放の神学」拡大阻止のため、米国の原理主義的なプロテスタント組織（福音派、ペンテコステ派など）と米国政府の支援によって実施された布教計画があった。ちなみに米国人の約四分の一を占めるといわれる福音派は、聖書の一節を「神がイスラエルをユダヤ人に与えた。世界が終末を迎える時、エルサレムの地にキリストが再来する」と解釈しており、パレスチナにおけるイスラエルの暴力的膨張政策を支援してきた。

イスラエルは占領地の東エルサレムを含むエルサレム全域を「不可分の首都」とするが、

国際社会はこれを認めていない。三大宗教（ユダヤ教・キリスト教・イスラム教）の聖地であるエルサレムは、国連による国際管理が妥当とする立場をバチカンもとっている。米国など各国大使館はテルアビブにあり、これまで米国はエルサレムには領事館を置いてきた。しかし二〇一八年五月にイスラエルの米国大使館をエルサレムに移転した米国のトランプ大統領（二〇一七年―）には、支持母体である福音派とユダヤ系資本をつなぎとめるための政策が目立つ。

米国の強い影響力のもとでプロテスタントが人口の三分の一を占めるまでに増加したのは、中米のグアテマラである。八二年に福音派のリオス・モント将軍がクーデターで実権を握って以来、米国政府の支援を得た福音派やペンテコステのテレビ説教師たち（パット・ロバートソンやジミー・スワガートなど）が数々の支援物資をたずさえてこの国を訪れて「キリストの王国」とたたえ、政府の人権侵害を批判するカトリック教会は弾圧された。グアテマラが米国に次いで大使館のエルサレムへの移転を決定した背景には、増大する福音派と米国の圧力がある。

福音派のもと軍人で、二〇一九年一月にブラジルの大統領に就任したジャイル・ボルソナーロもブラジル大使館をエルサレムに移す予定である。

軍政下のブラジルやチリのカトリック教会が、貧者を選択して軍事政権と対決したのは、拡大するペンテコステ派の勢力に対抗する必要があったからでもある。ペンテコステなどのプロテスタント勢力が弱体だったアルゼンチンでは、司教団は軍政を支持して、解放の神学の存在を許さなかったと見ることもできよう。

ユダヤ・キリスト教的伝統を過度に尊重するペンテコステ教会では、イスラエルの重要性が強調され、イスラエルへの巡礼が勧められている。筆者が訪れた東京・池袋の支部教会でも「聖なる地、イスラエルからの油」による聖別の集会が行われていた。ペンテコステが盛んなアフリカでは、この宗教運動が個人独裁体制を支える政治的安定要因になっている。人口の四割をイスラム教徒が占めるアフリカでは、親ユダヤ・イスラエル的ペンテコステが体制の不安定要因になっていることに注目すべきだろう。拡大するペンテコステ派や福音派が、社会的不安定化をもたらす脱公共宗教化する危険がある。

独立後、欧米からプロテスタントの布教が進んだことで、ラテンアメリカにおけるカトリックの独占状況は破られた。しかし近年勢力を拡大する福音派とペンテコすテ派の動きは、国際的・国内的不安定要因となりそうだ。次章では、これまでの諸問題を背景に、教皇フランシスコが取り組みつつある課題と実績を問う。

第七章　教皇フランシスコの課題と実績

左から、パレスチナ自治政府のアッバス議長、教皇フランシスコ、イスラエルのペレス大統領、東方正教会のバルトロメオ1世（2014年3月、バチカン、251-252頁参照：ロイター／アフロ）

1　バチカン改革

バチカンの構造改革

「貧者のための貧しい教会をつくる」という志を抱いて二〇一三年三月一九日に教皇に就任したフランシスコは、九月一一日のバチカン広場における一般謁見の際に「われわれは皆が教会。神の前では皆が平等であり、教皇は地上における神の代理人ではない。司教も羊のにおいを漂わせる司牧者であれ」と説いた。教皇は三月一九日の就任式を従来の「即位式」「戴冠式」と呼ばず、謁見の間で用いた「玉座」を廃止、海外旅行中も防弾ガラスを装備した専用車を使わず、一般謁見では障害者や弱者とのふれ合いを重視する。教皇宮殿に住まず、「聖マルタの家」（教皇選挙時の枢機卿宿舎である修道院施設）で寝起きしている。国務省を中心とする教皇庁諸機関のベテランとの距離を慎重に拡げ、個人的側近グループ（秘書のペアッキオ・レアンス神父など）に依存するが、重要な決定は自らが行っている。ローマで要職につかず、地の果ての教会の指導者に徹してきた経験が、バチカン再生を求める声に応じる存在となった。

教皇がまず取り組んだのは悪習と腐敗にまみれた教皇庁の改革だった。改革の基本は、諸機関の任務範囲の重複を避け、権限を見直し、官僚主義を排し、経費を節約することにある。世界各地から選出された八人の枢機卿（バチカン、チリ、インド、ドイツ、米国、コンゴ、オーストラリア、ホンジュラス出身）で構成される諮問グループ（G8）が四月に創設され、「教皇の教会統治とローマン・クリア（教皇庁諸機関）改革のための枢機卿評議会」と命名された。改革プロジェクトの目的は、第二バチカン公会議が主張した「世界への門戸開放政策」と「合議制の原則」にあった。

一〇月、前教皇の右腕だった国務長官タルジジオ・ベルトーネ枢機卿の辞表を受理した教皇は、後任にピエトロ・パロリン（元ベネズエラの教皇大使）を任命する。パロリン大司教はかつて国務省在職中、ベトナムとの外交関係樹立および中国との関係改善に尽力し、さらにロシアと中東における東方正教会とカトリック教会との対話につとめてきた。また聖職者省の新長官に、バチカンの外交官養成機関である「教皇庁教会学院」院長のベニャミーノ・ステッラ大司教を任命、外に向けて開かれたバチカンのイメージを強調することになる。

一四年二月、世界一二カ国から一六人の枢機卿が新たに任命された。パロリン国務長官、ゲルハルト・ミュラー教理省長官などに加え、コートジボワール、ブルキナファソ、韓国、フィリピン、ニカラグア、ブラジル、アルゼンチン、チリ、ハイチなど、南の世界からの新顔が目立つ。この一六人の任命により、有権者枢機卿（教皇選挙に参加する八〇歳未満の枢機卿）は一二二人となる。その大陸別配分は北米一五、南米一九、アフリカ一三、欧州六一、アジア一三、大洋州一で、欧州（イタリア人が多数を占める）と他地域出身者の数がようやく拮抗する状態となった。

翌一五年二月、教皇は新枢機卿二〇人の叙任式を行った。ミャンマー、トンガ、カボベルデから初の枢機卿が誕生し、教皇の途上国重視と改革を阻む勢力への対抗姿勢がのぞく。今回の人事で枢機卿は計二二七人（うち八〇歳未満は一二五人）を数える。うち欧州五七、中南米一八、北米一八、アジア・オセアニア一七、アフリカ五で、非欧州出身者が初めて多数派となった。さらに翌一六年一一月、公開枢機卿会議で一七人の新枢機卿（うち有権者枢機卿一三人）を任命した。五大陸一一カ国出身の一三人である。二〇一八年に日本から前田万葉大司教*が九年の空席後枢機卿に就任、日本人では六人目である。

「教会は管理する者ではなく、世界に福音を伝えるために自ら出ていかなければならない」と強調する教皇フランシスコを、米国の『タイム』誌は「七〇歳代のスーパースター」と称し、「二〇一三年の人」に選んだ。

＊　長崎県出身。曾祖父が潜伏キリシタンで、母は長崎で被爆。長崎・広島の教会で核廃絶運動に携

わってきた。

バチカン銀行改革

教皇庁の資産を管理・運用するバチカン銀行（宗教事業協会、IOR）については、これまでマネー・ロンダリング（資金洗浄）や政治家・マフィアの蓄財への利用が問題となり、欧州連合（EU）などからも懸念が示されてきた。バチカンの官僚組織改革をめざす教皇フランシスコの指示で「聖座財務情報監視局」は二〇一三年五月、初めての「年次報告書」を発表、一二年の金融取引のうち六件に資金洗浄の疑いがあると認定した。聖座財務情報監視局は前教皇ベネディクト一六世が一〇年に設置した部署で、教皇庁とバチカン市国の財務情報を監視する独立機関である。

一三年七月、教皇フランシスコは「教皇庁経済・行政組織に関する研究と指針委員会」を創設、〝汚染〟にさらされていない枢機卿を委員に任命する。この委員会のなかには二つの秘密会――「マフィアとの関係断絶のための委員会」（非イタリア人枢機卿で構成）と「麻薬資金排除のための委員会」（非南米系枢機卿による）が置かれた。

ついで翌一四年二月、教皇は使徒書簡『忠実で慎重な管理者』により「経済事務局」と「経済評議会」を創設して、教皇庁内の経済・行政改革の管理・統合をはかった。この二つの組織はあわせて「バチカン財務省」の性格を持つ。その目的は教皇によれば、「教会の使命である福音宣教のために、とくに貧しい人々に配慮しつつ教会に与えられた富を守り、管理していく責任」を全うすることにある。

経済評議会は八人の枢機卿——ラインハルト・マルクス（ミュンヘン）、ファン・ルイス・ソーン（リマ）、ジョン・トンホン（香港）、ダニエル・ディナルド（ヒューストン）などに加えて、七人の外部の専門家で構成され、クリア関連の経済、機構、行政および金融活動を監視する。また経済事務局は教皇直属の機関で、局長—財務長官ジョージ・ペル枢機卿（シドニー）のもと、評議会の政策の実施・管理を行う。ペル局長が一四年四月に教皇に提出した「バチカン銀行改革案」によれば、教会活動にかかわらない金融活動を放棄し、本来の「宗教事業団」に戻ることをめざした。

一五年四月、バチカンとイタリア政府は金融や税に関する情報を交換する協定に署名。相互に財政を透明化し、脱税を防ぐ目的である。一七年六月の情報によれば、一六年に宗教事業協会は三六〇〇万ユーロ（約四四億円）の利益をあげた。同期の資産は五七億ユーロで、全世界の修道会、バチカン省庁の従業員・聖職者の預金と投資で、利益は教皇庁財務局に渡される。膨大な赤字を出し続けてきたバチカン銀行で、新教皇の改革策が実りはじめたといえよう。

聖職者の性犯罪をめぐって

カトリック教会の聖職者による子どもへの性的虐待は二〇〇二年にボストン・グローブ紙が大きく取り上げて以来、欧米（日本も例外ではない）で問題になってきた。ベネディクト一六世は被害者に十数回直接謝罪しているが、加害者の聖職者の転任（別の教区などへの異動）などにより、処分を行わなかった。

教皇フランシスコは就任間もない一三年四月、この問題に対して「断固とした対応」の姿勢を明らかにし、教理省長官ミュラー大司教に対し、以下の施策を求めた。具体的には、①侍者や聖歌隊の児童の保護、②過去の被害者への支援、③加害聖職者らへの処罰、④各国の司教協議会による指針の制定と実行、などである。これを受けて各国の司教協議会では自国内での調査を開始し、加害聖職者の追放が相次いでいるが、これに抵抗する勢力も強い。

一四年三月、教皇は「子どもの権利擁護のための教皇庁委員会」を創設した。八人の委員のうち四人は女性で、その一人は幼児虐待の被害者である。同委員会は未成年者を守る多角的アプローチを開発しつつ、犯罪者の法的追及のための手順を探り、委員会組織の強化をはかることになった。

これより前、同年二月に国連「子どもの権利委員会」は報告書を発表し、カトリック聖職者による性的虐待の被害を受けた児童は数万人に達するが、バチカンの対応は不十分と指摘した。また同年五月にジュネーブで開かれた国連の「拷問禁止委員会」においても、バチカンの高官による報告で、〇四年以降、約三四〇〇件の事件が認定され、聖職者八四八人の資格が剝奪されたこと、加えて二五七二人の加害聖職者が処分を受けたことが明らかになる。しかもこれらで明らかにされた問題は氷山の一角にすぎないといわれる。

一六年六月、「児童や弱い立場にある成人に対する性的虐待の事例を報告しなかった司教は解任の対象になりうる」とする司牧書簡が発表され、こうした事例の徹底糾明と厳罰・絶滅に向けた再発予防策を教区長、修道会上長に命じた。一五年六月には性的虐待の隠蔽など聖職乱用の罪に問われた司教を裁く法廷の新設も教皇は発表したが、バチカン内での抵抗もあり、実現していない。

ショックだったのは、教皇側近でバチカン銀行改革に手腕を振るっていたペル枢機卿が、オーストラリアのビクトリア州警察から過去の複数の性的虐待罪で起訴されたことである(一六年六月)。本人は容疑を否認したが、教皇は彼を帰国させ、司法のもとに置いた。カトリックが人口の二七%を占めるオーストラリアでは、一九九〇年代から教会での子どもの性被害がふえた。政府の調査委員会によると被害者の多くはカトリックで、聖公会(人口の二二％）の場合をはるかにしのぐ。

人口の八割をカトリックが占めるアイルランドでは、性的虐待の事実を隠蔽・黙認したとして議会はバチカンを非難する決議を行っている（一一年）。一八年八月にダブリンを訪れた教皇に対し、抗議のデモ隊は「犯罪者を処罰せよ」と要求した。

二〇一〇年に聖職者による性的虐待事件が発覚した南米のチリでは、八〇人を超える聖職者が起訴された。一八年一月にチリを訪問した教皇を迎えたのは、激しい抗議デモと教会爆破事件だった。教皇は虐待事件に対し「苦悩と恥辱の気持ちで」被害者から話を聞き、涙を流して謝罪。五月に司教全員が責任をとって辞意を表明した。チリのカトリック信者が人口の約七割（一九九五年）から四割（二〇一七年）に低下したとの調査結果もある。

一七年七月、教皇はバチカン教理省長官のミュラー枢機卿の留任を認めず、ルイス・フェレール同省次官を長官に昇格させた。聖職者の性暴力への対応にあたる教理省の責任を問う人事である。

米国では二〇〇二年までの約半世紀間に約四五〇〇人の聖職者が一万一〇〇〇件の性的虐待に関与したといわれる。一五年に米国を訪問したフランシスコは被害者と面談して謝罪、加害者の懲罰化に取り組んでいる。一八年八月、元駐米バチカン大使カルロ・ビガノ大司教が「性的虐待の報告を放置した教皇に辞任を求める」衝撃的書簡を発表した。ビガノ大司教はフランシスコのリベラルな改革を批判する保守派の中心だが、バチカンの恥ずべき人権侵害に対し、権力闘争を超えた抜本的施策が求められる状況だ。

聖職者の結婚と女性聖職者の可能性

聖職者による性犯罪の主な原因がカトリック聖職者の独身制にあることは、かねてから指摘されてきた。聖職者独身制の起源は初代教会の伝統――イエス・キリストの「天の国のために結婚しない者もいる」（「マタイによる福音書」一九・一二）や聖パウロの独身者礼賛（「コリントの信徒への手紙一」七・三二〜三四）に遡る。四世紀以降の制度化のもとで、東方教会では主教は独身制だが、司祭・補祭は叙階前の結婚のみ認められた。西方教会では第二ラテラノ公会議（一一三九年）において司教・司祭・助祭の独身が規定される。プロテスタント諸教会では独身制を採用していないが、伝統を重んじるカトリック教会は、第二バチカン公会議でも妻帯者の助祭叙階を認めたものの、司祭独身制を再確認した。しかし近年の聖職者による性的虐待の増加や聖職者不足を改革する動きも出始めている。

ブラジルでは教皇と親しいクラウディオ・フンメス枢機卿を中心とするブラジル司教団の「特別の要請」によって、「既婚司祭」の聖職再開を認める可能性が出てきた。結婚するために職を離れた元司祭が職務に復帰できるよう教皇に働きかけ、それに応えた教皇がまずブラジル限定で実験的に実施する方向にある。カトリック教会の慢性的司祭不足と高齢化に応えるものでもある。保守的なレイモンド・バーク枢機卿らはこうした動きに批判的だが、解放の神学者で元司祭のレオナルド・ボフらは教皇を支持しており、ブラジルの動向が注目される。

聖書では男女を対等な関係として扱いながら（「創世記」一・二七）、一方で女性を男性に従属するものとみなす記述がある（「コリントの信徒への手紙二」一一・三）。原始キリスト教時代、女性は男性とともに指導的地位にあり、なかには使徒と称された女性もいた。しかし父権的組織化の進行とともに女性は教会職務から追放されたとみなされてきたが、実際には最初の一〇〇〇年間（一─一〇世紀）、数千人の女性が助祭職に参加していた。四─五世紀にはイタリア南部で女性司祭も存在したとみられ、女性教皇ヨハンナ（八五五─八五八年）の伝説もある。

しかし一三世紀の神学者トマス・アクィナスは女性を劣った性とみなし、司祭職は独身の男性のみに認めた。以来この女性観はカトリック世界で継承され、二〇世紀半ばの第二バチカン公会議でも変更されていない。プロテスタントでは英国国教会をふくめて女性牧師がふえ、日本でも二〇世紀末に牧師の三割を女性が占めている。

カトリック教会では修道女の数は修道士と男性聖職者の数の二倍を占め、付属学校の運営も信者の数も女性が多く、女性が多数を占めるコミュニティである。バチカンで刊行されている『女性と教会と世界』誌（二〇一八年三月号）は、修道女が男性聖職者のためにほぼ無償で奉仕させられている実態を明らかにして、反響を呼んだ。

一六年四月、ドイツのヴァルター・カスパー枢機卿は「女性にも教皇選挙権を」とローマの会議で求めた。コンクラーベ参加資格は八〇歳未満の枢機卿であり、性別は明記されていないからだ。しかし問題は八〇歳未満の女性枢機卿がいないだけでなく、司教、司祭も存在しないことであろう。

当初この問題に消極的だった教皇フランシスコも、女性聖職者復活を検討する委員会の設置を決定した（一六年八月）。カトリック教会に女性登用を求める声は、米国の女子修道会からまず上がった。教皇はこれに応えて女性助祭についての研究を教理省に求める一方、女性助祭の正統性と役割を探る委員会を設置。委員会は男性七人、女性六人の学者で構成される。懸案の問題にようやくバチカンが動き始めたところである。

2 モラルをめぐって

家庭と教会

二〇一六年三月、教皇フランシスコは家庭をテーマとする使徒的勧告『愛のよろこび』（アモリス・レティティア）を公布し、カトリック教会内に波紋が広がった。この著書は二度のシノドス（世界代表司教会議、一四年一〇月と翌一五年一〇月）の議論をまとめたもので、社会の急激な変化と個人主義の台頭のなかで危機に瀕している「家族」や「結婚観」を再建するための勧告である。また過去の教会の姿勢への反省から、寛容な対応を求める論調がみられる。

カトリック世界でも一九八〇年代以降、軍政や一党支配体制から多党制へと民主化が進行するにともない、離婚や人工妊娠中絶（避妊）、同性愛者などがふえ、社会的関心を呼んでいる。カトリック教会は第二バチカン公会議で教会の現代化に取り組んだものの、こうした問題については伝統的・教条的教説から脱していない。むしろ教会が醜聞と性犯罪にまみれて道徳的権威を失っている間に、社会の世俗化は進んだ。とくに教皇ヨハネ・パウロ二世とベネディクト一六世のもとで教会の保守的傾向が強まり、世俗化する社会風潮を非キリスト教的と糾弾してきた。

「社会的弱者に寄りそう教会」を標榜する教皇フランシスコは、家庭を大切にしつつ教会の伝統に対してもリベラルな姿勢を崩していない。寛容を求める教皇の姿勢は、保守派・伝統主義者にとって教会内の対立をあおる存在として危険視されている。高位聖職者のなかには『愛のよろこび』は教会を分裂させる危険をはらむと警告する人々が少なくない。

離婚

「神が結び合わせて下さったものを、人は離してはならない」(「マタイによる福音書」一九・六)としてカトリック教会は婚姻不解消性の立場をとってきた。しかしこの『愛のよろこび』は従来の伝統的ドクトリンを否定せずに、離婚しても教会から破門されるのではなく教会コミュニティの一員である、と離婚した信徒に伝えている。『愛のよろこび』によれば、司祭たちは離婚して再婚したカトリック教徒に寄りそう義務があるだけではなく「婚姻無効の宣言」取得に時間がかかる現状を改革する必要もあるとする。時間がかかるために、離婚した信徒が教会に再婚を認めてもらうことが難しくなっているからだという。

問題は、再婚したカトリック教徒が聖体拝領できるか、にある。一九九三年、当時のラツィンガー教理省長官(のちの教皇ベネディクト一六世)は、「離婚した夫妻の聖体拝領を認めるよう求める」ドイツ司教団の進言を拒否した。その三代後の教理省長官ミュラー枢機卿も、離婚者への寛容を説く教皇フランシスコの主張を容易に受け入れることはできなかった。また教会の非寛容性を問題にする教皇の主張は、イタリア司教団を中心とするヨーロッパ諸国の司教たちからのきびしい抵抗にも遭遇した。バチカン内外の保守主義者から追いつめられる教皇を「荒野のフランシスコ」「教会のオバマ」と評する報道機関もある。

人工妊娠中絶（避妊）

二〇一五年九月初頭、教皇は「いつくしみの特別聖年」に限り「妊娠中絶を悔い改める女性信者たちに許しを」と全聖職者に求めた。一二月に始まる聖年は神に許しを請う二五年ごとの通年行事で、今回は第二バチカン公会議の終了半世紀目にあたる。中絶は犯罪であるという教会の立場を認めつつも、「神の許しは悔い改める者を拒否しない」と柔軟な姿勢を崩さない教皇に対して、各地の教会幹部や信徒から拒否反応が起きた。

カトリック大陸ラテンアメリカでは、クオータ制（割当制）により女性大統領が輩出し、女性議員が三割を超える国がふえている。こうした背景のもとに一五年までに主要二〇カ国中一五カ国で妊娠中絶が合法化されており、家族の形態も同性婚家族に至るまで多様化している。ただし中絶法が存在する国でも、母体が危険な場合が条件で、カトリック社会の批判を恐れて手術を拒否する医師もおり、危険な闇の中絶手術で命を落とすケースも多い。

一九四〇年の刑法典により条件付きで（母体の生命が危険な場合と妊娠が強姦による場合）妊娠中絶を認めたブラジルでは、二〇一二年に胎児が無脳症の場合も中絶を認める条件に加えられた。減少傾向のカトリック人口に対して増加を続けるプロテスタント（なかでも福音派）は、カトリック以上に中絶やのちに述べるLGBTに対して激しい拒否反応を示しているようだ。

二〇一六年二月、ブラジルなど中南米で流行中のジカ熱（ジカウィルス感染症）に関連して、教皇は女性が感染症予防のため避妊することは「絶対的悪ではない」と発表した。感染後に小頭症の新生児が生まれるケースを避けるためだが、命の選別が進む恐れもある。

また教皇は「いつくしみの特別聖年」の趣旨から、一年間の死刑執行停止をすべての政治指導者に呼びかけた。「死刑は権力による殺人」とみる教皇は、「汝、殺すなかれ」の戒律が、罪の償いや社会復帰への希望を開く司法制度につながると考える。現在、死刑制度は減少の方向にあるが、日本や米国など維持する国も多い。

二〇一八年五月、カトリックが九割を占めるアイルランドで国民投票の結果、六六％の支持を得て人工妊娠中絶が容認された。同国では一九八三年の憲法改正で妊娠中絶禁止が明記される。母体に危険がない限り、性的犯罪の被害者でも中絶が認められなかったので、イギリスなどに渡って手術を受ける女性が絶えなかった。しかし二〇一五年には国民投票で同性婚が認められ、一七年には同性愛者のバラッカーが首相に就任している。

LGBTの問題

教皇フランシスコは二〇一六年六月末、アルメニアから帰途の専用機内で「カトリック教会は同性愛者などに不快な思いをさせたことに対して謝罪すべき」と述べ、「神を求める善意の同性愛者を裁くことはできない」との見解を表明した。これは同性愛を自然に反する大罪として反対の立場をとってきた教会の見解に再考を迫るものだ。事実この前年、バチカン国務省はフランス政府が駐バチカン大使に任命した人物が同性愛者であるとの理由で同意せず、フランス側は別の人物を任命したという。

レスビアン（女性同性愛者）、ゲイ（男性同性愛者）、バイセクシュアル（両性愛者）、トランスジェンダー（性別越境者）を意味するＬＧＢＴは性的マイノリティとして近年日本でも話題になっているが、欧米や中南米でもその歴史は新しい。男らしさを強調するマチスモとカトリックの伝統マリアニスモが根強い中南米では、同性愛への偏見も強い。

しかし制度的革命党（ＰＲＩ）の一党支配体制が揺らぎ始めたメキシコでは、一九八〇年代以降、性的少数者の組織化が始まり、政党と協力して平等な権利の実現をめざした。二〇〇〇年以降、差別防止撤廃法が制定され、二〇〇九年に同性婚およびその養子縁組が合法化された。今日中南米ではメキシコの他にアルゼンチン、ブラジル、ウルグアイで同性婚、養子縁組、トランスジェンダーの性別・氏名の法的変更が認められている。現在、世界二五カ国でLGBTの婚姻権が認められ、先進七カ国（G7）中、婚姻権などが認められていないのは日本だけである。

一方、東南アジアのカトリック国フィリピンでは一六年六月、首都マニラのリサール公園で、LGBT団体「メトロマニラ・プライド」が主催する「フェスティバル2016」が開かれた。二二回目の集会で、参加者約四五〇〇人がLGBTの象徴である虹色の旗や「愛に宗教は関係ない」などのプラカードを手に集まった。在比オーストラリア大使館は大使を先頭にパレードに参加し、応援。一九九〇年代から包括的差別撤廃法案が提出されているが廃案となり、同性婚は認められていない。フィリピンのカトリック教会はこの問題に静観の構えである。

教皇フランシスコは、ブエノスアイレス大司教時代にフェルナンデス・キルチネル大統領のもとで成立した同性婚法（二〇一〇年）に反対し、同法を「人類学的後退」と評した。アルゼンチン司教団が一二〇万人の集会を開いて断固反対したにもかかわらず、同性婚合法化に国連が関わり、人権問題とされはじめたこともあって、教会のあり方に改革が必要なことを教皇も実感しはじめているといえよう。カトリック教会はもはや私的領域における信徒の道徳観を制御する力を失いつつある。しかしこれに抵抗する勢力は大きく、前途は多難だ。

3　エキュメニズム――宗派間・宗教間対話

エキュメニズムとは

エキュメニズムは世界に広がるキリスト教諸派の再一致をめざす運動で、ギリシャ語の「家」「人が住む世界」に由来する。狭義にはローマ・カトリック、東方正教会（オーソドックス）、プロテスタントなど、キリスト教諸派との再一致、広義には全世界的神学を志向する。エキュメニカルという用語は第一回ニケーア公会議（三二五年）以来、各地に散在する諸教会会議で用いられてきた。現代のエキュメニカル運動の先駆的流れは、エジンバラで一九一〇年に開かれた世界宣教会議に始まり、四八年のアムステルダム会議で世界教会協議会（WCC）が設立される。六一年にはアジアの教会とロシア・東欧の東方正教会が加盟した。プロテスタント主導のエキュメニズム運動に警戒的であったカトリック教会が協力関係に入ったのは、第二バチカン公会議（一九六二―六五年）以降である。バチカンⅡはカトリック教会がこれまで政治的に競ってきた「別れた兄弟」たちと再一致し、「善意の未知の兄弟たち」との対話を進めることによって、宗教勢力の失地回復をはかる姿勢を示した。

東方正教会およびプロテスタントとの対話

二〇一六年二月一二日、教皇フランシスコとロシア正教会のキリル総主教はキューバの首都ハバナのホセ・マルティ国際空港で歴史的会談を行った。一〇五四年に東西キリスト教会が互いを破門して完全分裂を遂げて以来の出来事である。会談の内容は中東やアフリカで過激派の暴力にさらされているキリスト教徒の保護と、東西キリスト教会の再統一をめぐる問題だった。すでに一九六五年にパウロ六世とコンスタンティノープル総主教アテナゴラスとの間で、相互破門宣言は取り消されている。エキュメニズムを進めたバチカンⅡの成果である。

ビザンツ帝国のギリシャ正教の伝統を継ぐ東方正教会は、国や地方ごとに独立した諸教会のゆるやかな連合体である。現在総主教の地位が認められているのはロシア・東欧を中心に九つの正教会で、およそ二億人を超える信徒を擁する。正教会のトップは同格で、歴史的にコンスタンティノープル（現在のイスタンブール）の総主教が代表格だったが、近年信徒の四割を占めるロシア正教会に比重が移ってきている。

二〇一五年六月にローマを訪れたロシアのプーチン大統領がフランシスコ教皇と会談。共産主義を捨てたロシアにとって、精神的支柱となるのはロシア正教会である。その前年、ウクライナのクリミア半島を併合したロシアに対するバチカンの警戒心は強かったが、教皇が直ちにプーチンとの会談に応じたのには理由があった。まずイラク戦争（二〇〇三年）以来の米国外交への不信であり（バチカンなどの反対を押し切ってイラクに米軍を派遣した結果、中東の混乱が深まった）、シリアについては米国の軍事介入よりも正教会を通じた外交的努力を求めてきたからである。一方、一八年九月、ロシア正教会はコンスタンティノープル総主教庁との関係を一部停止した。ウクライナでロシア正教離れが進んでいるため、ウクライナの正教会の独立を認めたことへの報復であり、正教会は分裂の危機にある。

教皇フランシスコとパロリン国務長官は、この半世紀にわたって、さらにこの数年で大きく進展した東方正教会との対話路線を維持する方向にある。かつてヨハネ・パウロ二世が「教会が二つの肺で呼吸してもよい」と述べたように、フランシスコのもとでカトリック教会と東方正教会の再統一というよりも、東西の対話を通して共存をはかっていく模様だ。

西方教会であるプロテスタントとの関係は、教皇フランシスコの選出に際して、WCCのオラフ・トゥベイト総幹事が歓迎と期待を表明したように、前向きの関係が期待できる。さらに一六年一〇月、教皇はルター派の拠点スウェーデンを訪れ、宗教改革五〇〇年を記念する式典に参加。ルーテル世界連盟議長のムニブ・ユナン師に次いで説教を行い、宗派間融和を促す共同声明を発表する。

一五一七年、ドイツでマルティン・ルターによってカトリック教会に対して掲げられた抗議（プロテスト）ののろしは、ヨーロッパを席巻して三十年戦争（一六一八―四八年）を惹起した。戦争を終結させたウエストファリア条約（一六四八年）は国際条約の端緒となるが、中世の宗教的束縛を離れて、国々が国家的利益（ナショナル・インタレスト）で行動する近代的国際社会の基礎となった。

カトリック世界における近代的国際意識の歩みは遅れたが、一九六〇年代のバチカンIIでこれを認めるようになる。現代エキュメニズムの動きもこの時代に始まる。しかしたとえば一九九二年にドミニカのサントドミンゴ会議（第四回ラテンアメリカ司教協議会）に臨んだ教皇ヨハネ・パウロ二世が「われわれの共同体に分裂と不和を惹き起こす強欲な狼」

とプロテスタントを非難し、司教たちに協力を呼びかけたように、互いを「悪魔」と排斥した意識は払拭されてはいない。近年米国を起点に、ラテンアメリカなど発展途上地域で急速に拡大する原理主義的なプロテスタント勢力（福音派）に対処しつつ、いかにエキュメニズムの運動を進めていくか、教皇フランシスコの手腕が問われるところだ。

ユダヤ教、イスラム教、その他の宗教との対話

教皇フランシスコは就任式翌日の二〇一三年三月二〇日に諸宗教代表との会見を行った。「他者は敵やライバルではなく、受け入れ抱擁すべき兄弟です」と自己の信ずる宗教以外にも寛容であれと説き、「どの宗教にも属していないながらも、真善美を追求し、人間の尊厳、平和共存、創造の美の保全を促進している人々」との対話を行おうと呼びかけた。信仰者と無宗教者への寛容な姿勢がうかがわれる。

翌二〇一四年五月末、教皇はヨルダン、パレスチナ、イスラエルを訪問。教皇がブエノスアイレス時代から親しいアルゼンチンのユダヤ教ラビのスコルカと、同国の諸宗教対話研究所のイスラム教指導者オマル・アッブードらが随行した。聖地訪問の目的はイスラエルとパレスチナ関係の改善にあるが、正教会との歴史的和解から五〇年を記念するものでもあった。翌六月、教皇はパレスチナ自治政府のマフムード・アッバス議長、イスラエル

のシモン・ペレス大統領および東方正教会のバルトロメオ一世（コンスタンティノープル総主教）をバチカンに招く。その庭園で会談してともに平和への祈りを捧げ、「平和の象徴」であるオリーブの木を植樹した。

　パレスチナに対するバチカンの姿勢はバチカンⅡ以後積極化し、一九九四年にパレスチナ解放機構（PLO）と外交関係を樹立する。二〇〇〇年に両者は基本合意書（自治区内におけるカトリック教会の法的認可など）に署名し、一五年五月に最終的合意書の草案が作成された。合意書の前文には「イスラエルとパレスチナ間の紛争が（二つの国家をともに承認する）〝二国家原則〟と〝国連の決議に沿い、双方の合意によって解決されること〟」が明記されている。しかしイスラエル政府はこのバチカンのパレスチナ国家承認に向けた新たな一歩をきびしく非難した。一七年一月、バチカンのパレスチナ大使館開設式典に出席したアッバス議長は、米国のトランプ次期政権下で予定中の米国大使館のエルサレムへの移転を「和平プロセスの妨げになる」と反対、教皇もこれを憂慮した。

　イランのハッサン・ロウハニ大統領が一六年一月末バチカンを訪問し、フランシスコと対談した。〇二年に核開発計画が発覚したイランだったが、欧米・中国など六カ国と一五年に核合意に至り、経済制裁が解除されて、積極的対話外交に転じたからだ。イスラム教シーア派の大国イランが打ち出した対話路線は、イスラム教国とバチカンにとって初めての新しい外交関係を導くことになる。
ついで同年五月末、イスラム教スンニ派の最高権威機関アル・アズハル（エジプトのカイロ）の指導者アフメド・タイブ師がバチカンを訪れ、初めて教皇と会談する。暴力行為やテロを拒否して世界平和を築くためアズハル側は会議を開く計画で、招きに応じた教皇は一七年四月末にカイロに向かった。アズハル大学主催の「平和のための国際会議」でタイブ総長は「一部のイスラム教徒が誤った解釈から流血の惨事を起こしたからといって、〝イスラム教はテロリズムの宗教〟とみなすことはできない」「平和や環境保護を重視し、文明の衝突を拡げる理論にともに対抗しよう」と呼びかけた。教皇はエジプトの偉大な文明にふれ、「豊かな教育なくして平和は築けない」とし、宗教間対話の重要性を強調して「宗教の違いは、相互の豊かさとなりうる」との見解を示した。

一六年九月、聖フランシスコゆかりの地、イタリア中部のアッシジで世界の約六〇カ国から宗教指導者と巡礼者たちが参加して、宗教対話集会「宗教サミット」が開かれた。故ヨハネ・パウロ二世が一九八六年に「世界平和の祈りの集会」を開催した三〇周年記念である。過激派組織「イスラム国」などのテロが横行するなか、「ファンダメンタリズム、憎しみなどから自らを解放し、対話の架け橋になること」を教皇は求めた。ついで一七年八月、日本の比叡山延暦寺に世界の宗教指導者が参加して「世界宗教者平和の祈りの集まり」が開催される。これは一九八七年の「比叡山宗教サミット」三〇周年記念事業である。二〇一五年一〇月、第二バチカン公会議公文書『キリスト教以外の諸宗教に対する教会の態度についての宣言』発布五〇周年が教皇を中心に祝われ、当時の教皇パウロ六世の意向に沿って設立された諸宗教対話評議会やキリスト教推進評議会代表らが出席した。

米国のトランプ大統領は二〇一八年五月一四日、在イスラエル大使館を商都のテルアビブから「首都と認定した」エルサレムに移転した(第六章二二七頁参照)。五月一四日はイスラエル建国七〇周年にあたる。東エルサレムを将来の独立国家の首都とするパレスチナでは、移転に抗議するデモ隊をイスラエル軍が実弾で弾圧、多数の死傷者が出た。ユダヤ教・イスラム教・キリスト教の聖地があるエルサレムの首都認定は、中東和平交渉最大の対立点であり、世界各国は大使館をテルアビブに置いてきたのである。

これより先、スンニ派イスラム教徒が多数を占めるトルコのエルドアン大統領は、同年二月初頭に教皇フランシスコの招請を受けてバチカンを訪れ会談した。両者はエルサレムの首都認定について「現状維持の尊重」を要求、米国の決定に「深い憂慮」を示した。対米・イスラエル批判の先頭に立つエルドアン大統領は、イスラム協力機構(OIC)の臨時首脳会議を開催し、結束して米国の決定を非難した。

4　キューバと中国——共産主義国との関係

キューバ革命とカトリック教会

二〇一五年七月二〇日、キューバ革命後の一九六一年以来断交を続けてきた米国とキューバは国交を回復した。両国に和解を促したのが米国のオバマ大統領と教皇フランシスコで、リベラルな聖俗のリーダーのもとで正常化は可能となった。キューバはかつてスペインによる新大陸征服の最前線に位置し、従軍司祭ラス・カサスが先住民への虐待を告発し、スペイン政府に統治改革を迫ったことでも知られる。

フィデル・カストロを中心に一九五三年に始まったキューバ革命は、五九年初頭にバティスタ独裁政権を打倒して権力を奪取した。六〇年に米系資産を接収、六一年に社会主義路線を宣言する（六五年に共産党一党独裁に）。六二年にソ連によるミサイル配備が世界を核戦争の瀬戸際に追い込んだ「キューバ危機」後、キューバは革命を輸出する政策に転じる。これに対して米州諸国は米国の支援を得て軍を強化、教皇フランシスコの母国アルゼンチンなどの南米では軍部が政権を掌握する軍事政権が樹立され、中米ではゲリラと軍の角逐による熾烈な内戦に陥った。

革命当初、その理念に賛同して闘争に加わったキューバの教会は、革命の急進化にともない、次第に政府との間の緊張と亀裂が大きくなった。しかし歴史的にカトリシズムがナショナリズムの拠り所であったポーランドばかりか、他のラテンアメリカ諸国にくらべてもカトリックの影響は大きくない。カトリックが人口の多数を占めるが、アフリカ系宗教やプロテスタントの勢力が強く、組織的にも危機的状況に陥った。

バチカンⅡを主催して教会の現代化をはかった教皇庁は、東欧社会主義国での経験豊富な教皇代理大使をハバナに送り込み、革命政権との緊張はゆるんだ。七六年憲法は信教の自由を認めたものの、信徒の共産党への入党を禁じた。しかしソ連崩壊後の九二年に改正された憲法は信徒の入党と宗教活動の自由を保障し、九四年末にバチカンは三〇年ぶりにキューバで枢機卿を復活させる。しかし経済面では九六年のキューバ軍機による米民間機撃墜事件後、米国でキューバ経済制裁強化法（ヘルムズ・バートン法）が成立、現在も食糧輸入や外資導入を阻んでいる。同法はEU（欧州連合）やラテンアメリカ諸国からも非難され、バチカンも人道的立場から制裁解除を求めてきた。

国交正常化をバチカンが仲介

冷戦終焉後間もない一九九六年一一月、フィデル・カストロ国家評議会議長はバチカンに教皇ヨハネ・パウロ二世を訪問、ついで教皇は九八年一月にキューバを訪れた。キューバを訪れた初めての教皇である。イエズス会の学校で初等・中等教育を受けたカストロがバチカンを重視した意図は、社会主義体制を堅持しつつも開放経済体制をとり、宗教的に寛容な姿勢を見せることで国際的孤立を脱し、かつ米国の経済制裁に批判的な教皇の言質を制裁解除に役立てることだった。

他方、「キューバは世界に、世界はキューバに扉を開く」ことを期待してキューバを訪れた強固な反共主義的教皇の意図は、かつてポーランドで成功したように、カトリシズムをテコに民主化を進め、キューバの脱社会主義化を促すことだった。教皇の要請に応じてキューバは政治犯を釈放したが、のちに再び収監している。

二〇〇八年、体調不良のフィデルは国家評議会議長の職を引退し、実弟のラウル・カストロが後継となる（正式には一一年の共産党大会で第一書記に）。一三年に再任されたラウルは五年任期での引退を表明、同年に革命後の世代から国家評議会副議長に選出されたミゲル・ディアスカネルに権力が移行する（二〇一八年四月に議長―国家元首に就任）。こうした革命指導部の高齢化と世代交代を背景に、キューバは社会主義体制維持のために孤立を避け、投資を呼び込む必要があった。一方、中南米では民政移管後、米国主導のネオリベラルな政策への反発から、二〇〇〇年代には左派政権が台頭、加えて中国・ロシアの影響も強まった。米国の復権を求める声は二〇一四年の中間選挙で民主党の敗退となって現れ、オバマ政権（二〇〇九―一七年）は政治的遺産《レガシー》を残す必要に迫られた。

国交正常化をめぐる交渉は当初カナダで始まったが、中心は新教皇が登場したバチカンに移った。バチカンはキューバ危機の際、当時の教皇ヨハネ二三世が米ソ間の仲介役として全面核戦争を回避した実績を持つ。米国側から教皇の仲介を求める打診が二〇一三年に始まり、翌一四年三月二七日にオバマ大統領がバチカンにフランシスコを訪れ、キューバ敵視政策は時代遅れであり、経済制裁は解除すべきとの共通認識を確認する。

キューバで四半世紀以上にわたってハバナ大司教をつとめたハイメ・オルテガ枢機卿がフランシスコの密使として活発に動き、バチカンではパロリン国務長官がこれを援けた。四月一七日オバマ大統領とラウル・カストロ国家評議会議長が国交正常化交渉開始を発表。一五年初頭に米国は経済制裁を緩和、キューバが政治犯五三人の釈放に応じたことを米国が確認し、次いで米国がキューバのテロ支援国家指定*を正式に解除したうえで、七月二〇日両国の国交が回復し、相互に大使館を再開する。

その直前の五月一〇日、キューバのラウル・カストロ国家評議会議長はバチカンに教皇フランシスコを訪れ、米国との関係改善のために果たした教皇の積極的調停役に感謝した。

国交正常化のための折衝会議の会場にバチカンを提供した教皇には、オバマ大統領も謝意を表明している。この訪問後の記者会見でカストロ議長は「叡智と謙虚さに富む教皇がこうした活動を続けられるなら、共産主義者である私がカトリック教会に戻り、祈るようになるかもしれない」と述べたという。一五年九月、教皇は国交回復したキューバ（一九―二二日）と米国（二二―二五日）を訪れる。ハバナの革命広場で行われたミサには約二〇万人が出席、スペイン語の説教に会場が沸いた。ミサの後、フランシスコはフィデルの自宅を訪問、環境問題などで意見を交わし、かつてフィデルが教えを受けたイエズス会士の著作などを贈った。

米国に移動したフランシスコは大統領一家などに迎えられて歓迎式に臨み、ローマ教皇として初めて連邦議会で演説する。最終日（二五日）に国連本部を訪れ、持続可能な開発をテーマとする国連サミットの開幕前の総会で演説後、二〇〇一年の同時多発テロで崩壊した世界貿易センタービル跡地の「グラウンド・ゼロ」を訪れ、ホールで諸宗教代表の集いに参加、「互いの違いを受け入れ、和解しあうことの大切さ」を訴えた。

米国との国交回復は実現したが、一九〇三年の条約で米国が建設したキューバ東部のグアンタナモ米海軍基地（米兵九五〇人が駐留）は閉鎖されていない。同基地には同時多発テロ後に拘束された国際テロ組織アルカイダのメンバーが収容されており、オバマ大統領は二〇一六年に閉鎖を発表した。しかし収容者を他国および米国に移送することなどが実現しないまま、一七年、共和党のトランプ大統領に政権交代、ヘルムズ・バートン法も堅持される方針である。

＊　米国はスペインのバスク地方の分離独立を主張する非合法組織「バスク祖国と自由」（ETA）や左翼ゲリラ「コロンビア革命軍」（FARC）に協力したとして、一九八二年にキューバをテロ支援国家に指定した。

巨大なキリスト教国、中国とバチカン――共産党政権下のキリスト教

「宗教は抑圧の痛みを忘れるための阿片であり、やがて消滅する」とみる共産党政権（中華人民共和国、一九四九年に成立）は、宗教組織を国家宗教事務局の管理下に置いた。一九五〇年、プロテスタント諸派の代表は中国基督教会宣言を公表し、中国の教会は帝国主義との関係を断ち、完全な自立を達成して新中国建設の任務を果たすことを明らかにした。外国人宣教師は追放され、教会は三自原則（第四章一七二頁参照）のもとで歩むことになる。五四年に中国基督教三自愛国運動委員会が組織され、教会は政府の支配下に入った。

五四年の人民共和国憲法第八八条は信教の自由を認めた。ただし教会が帝国主義的色彩を払拭するまで効力を持たないとの政府声明もあり、教皇に忠誠を誓うカトリック教会は

困難な状況に置かれた。激しい反共主義者の教皇ピオ一二世はカトリックと共産主義者の対話を禁じ、政府に抵抗するよう中国の信徒に呼びかけた。五一年に政府がバチカンと断交すると、五七年に政府公認の中国天主教愛国会が設立され、独自に司教を任命する。バチカンとの関係を維持する天主教教会の聖職者と信徒は地下に潜伏した。

六六年に始まる文化大革命時代、キリスト教会は壊滅状態になり、多くの教会関係者が迫害にさらされた。宗教が復活したのは七八年の改革開放以降である。七〇年代後半には三自愛国教会に加えて中国基督教会も再開。天主教（カトリック）でも党の指導の受け入れをめぐって分裂し、八〇年に中国天主教主教団が設立された。さらにこれらの組織に加わらない非公認の「家庭教会」の成長も著しい。新華社によるとプロテスタント二一〇〇万、カトリック五〇〇万、これに地下教会（家庭教会）の信徒を加えると一億三〇〇〇万人（ムスリムは二〇〇〇万人）に達するとみられる。

八二年憲法は信教の自由を再確認したが、「外国勢力の支配を受けない」とバチカンなどへの警戒を緩めていない。教皇ヨハネ・パウロ二世は九八年のアジア代表司教会議に中国の司教を招き、二〇〇〇年には中国の殉教者一二〇名の列聖を行うなど中国との関係改善をめざした。しかし教皇が祖国ポーランドで支援したカトリックによる民主化運動が、社会主義圏の崩壊につながったことへの中国の警戒感は強い。バチカンとの国交樹立について中国政府は、台湾との断交、内政不干渉の二つの条件を求めてきた。最大の障害は中国内の司教任命権の問題にある。全世界の教区ごとに司教を任命するバチカンの制度を中国は内政干渉とみているからだ。

バチカンと中国の接近——司教任命権をめぐって

教皇フランシスコ就任後五年を経た二〇一八年初頭、バチカンと中国の接近が伝えられた。かねてから教皇は中国の教会が公認の愛国会と地下教会に分裂している現状を憂慮し、その克服を模索してきた。司教任命問題で九月に中国との暫定合意に達した模様で、その内容は、中国が任命し、バチカンが破門した司教七名を承認する一方で、バチカンが任命して中国が認めなかった司教二名に退任を促すことになる。しかし地下教会を犠牲にするこうしたバチカンの譲歩を警戒するのは、中国のカトリック信徒だけでなく、台湾と香港の教会も同様である。

台北大司教区の洪山川大司教は「中国に宗教の自由はない」としてバチカンと中国の国交回復を疑問視する。中国は台湾を中国の一部とする「一つの中国」を原則としており、台湾にとって欧州で唯一の外交関係を持つバチカンとの断交は、国際社会でよりきびしい立場に追い込まれることを意味する。また元香港司教の陳日君枢機卿も「教会が中国政府の管理下に置かれる」ことを危惧する。事実、これまでに数多くの地下教会の聖職者や信徒が尋問を受け、拘束されてきた。

打開策として中国で司教を選ぶための司教協議会を設置し、これに地下教会の司教も参加する。この協議会が司教の候補者リストを提示し、教皇が任命する（拒否権も）ことなどが考えられた。しかし一八年二月の「改正宗教事務条例」により、地下教会の閉鎖が相次ぐ。習近平体制のもとで、共産党統治の正統性を脅かすとして宗教活動への規制を強め、宗教の中国化がはかられており、イスラム教やチベット仏教への監視も強化されている。

欧米で世俗化が進行し、ラテンアメリカなどでプロテスタントがふえてカトリック信徒の数が減るなか、巨大宗教市場中国（カトリック教徒は地下教会を含め約一二〇〇万人）はバチカンにとって魅力である。地元の社会に適応・土着化して布教するのはイエズス会の方式だが、イデオロギーにとらわれないフランシスコが、中国の信徒の意志と人権を尊重しつつ、中国政府と正式の合意に達するのは容易なことではない。

南米人として初めてバチカンに入った教皇フランシスコは、就任直後からさまざまな改革にのりだし、かなりの成果をあげた。バチカン内外の問題、宗派間・他宗教との対話についてはは進んでいるが、冷戦後も共産主義体制の強化を続ける中国における信徒の問題は、今後の課題であろう。そして教皇が最大のテーマとするのが、地球環境問題と貧しい人々の人権擁護、そして平和な世界である。

終章　回勅『ラウダート・シ――ともに暮らす家を大切に』――環境・人権・平和

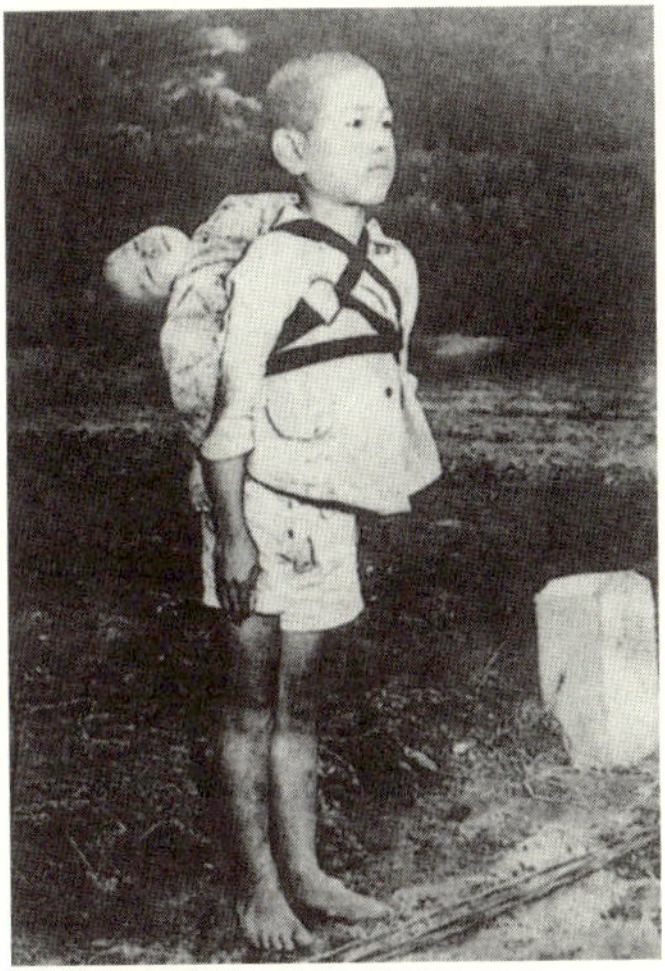

「焼き場に立つ少年」（274頁参照：ジョー・オダネル撮影、1945年）

危機に立つ地球環境

二〇一五年五月二四日、教皇フランシスコは回勅『ラウダート・シ』を公にした。環境回勅と称される同書の標題は、アッシジの聖フランシスコの賛歌「ラウダート・シ、ミ・シニョーレ」――「わたしの主よ、あなたはたたえられますように」から生まれた。私たちがともに暮らす家である母なる大地―地球は、いま荒廃しつつあり、とくに貧しい人々が危機的状況に置かれている。総合的エコロジーに目覚めよ、とのメッセージである。

およそ半世紀前、いわゆるキューバ危機により世界が核戦争の瀬戸際に立たされた時、教皇ヨハネ二三世が戦争を否定し、平和を築くため回勅『パーチェム・イン・テリス――地上の平和』(一九六三年)を公布したことが思い出される。人間が自ら住む地球環境の破壊を意図せずに企てている現在、環境・人権・平和にかかわる回勅『ラウダート・シ』の提言をご紹介し、フランシスコの実際の行動にもふれたい。

著者の引用文献は、アッシジの聖フランシスコ、トマス・アクィナス、パウロ六世以降の教皇、古生物学者でもあったテイヤール・ド・シャルダン、ロマーノ・グアルディーニ(フランシスコの博士論文のテーマ)の著書などに加えて、「グリーンの総主教」と称されるコンスタンティノープルの総主教バルトロメオ一世の環境関係の講演、イスラム教神秘家のアリ・アルカサスの著作、バチカンⅡ公文書、教皇庁正義と平和評議会およびラテンアメリカ・カリブ司教協議会と各国の司教協議会の環境関係の文書に及ぶ。そして何よりも、化学の修士号を持つ教皇の面目躍如のテーマであり、ブラジルの神学者L・ボフの協力も得て、完成された。

総合的エコロジーを説くこの回勅は、「ともに暮らす家に起きていること」「創造の福音」「生態学的危機の人間的根源」「総合的エコロジー」「方向転換の指針と行動の概要」「エコロジカルな教育とエコロジカルな霊性」の六章からなる。

人類共通の家に起きている環境汚染と気候変動を論じた第一章は、廃棄物や使い捨て文化から起きる現象であり、清潔な水や生物多様性を喪失させる、とする。人間環境と自然環境の悪化は地球上の最も弱い人々に悪影響を与えるが、影響を受ける人々は地球住民の多数であり、不平等は「エコロジカルな債務」をもたらす。富裕国の莫大な消費が原因である温暖化は、最も貧しい地域であるアフリカなどにその付けを回し、気温上昇と旱魃により農業に壊滅的打撃を与えている。

「回勅」は本来教会に関わることを世界の司教に宛てて送る文書で、善意あるすべての人々を対象としているが、第二章ではとくに信仰を持つ人々が、自らの確信に由来するエコロジカルな責務を自覚するよう促す。大地は本質的に人類共通の相続財産であり、神が大地を全人類に与えたのは、すべての人々が生命を維持するためなのだ。

生態学的危機に人間的根源を認めるために、支配的な技術主義《テクノクラティック》パラダイムと人間およびその行為が世界の中に占める位置を考察するのが第三章である。テクノロジーは神が授けた人類の創造性の驚異的産物であって、良いほうに向かえば生活の質を向上させる手段となるが、他方で核エネルギーや人間のDNAに関する知識などにより絶大な権力が生まれ、大量殺戮にも用いられる危険を伴う。さらに技術主義パラダイムは地球規模で拡大し、近代の人間中心主義的傾向と結びつき、自己の利益に沿わないものを無用とみなす相対主義が環境悪化と社会崩壊をもたらす。バイオテクノロジーに関しては、無差別な遺伝子操作と倫理から切断されたテクノロジーの危険性を指摘する。

あらゆるものは密接に関係しあっており、今日の地球規模の人間的側面と社会的側面を明確にする総合的《インテグラル》なエコロジーを考察する必要がある。こうした問題意識で書かれた第四章は、対話によって対策を模索する第五章とともに、本書の中心を成す。「私たちは環境危機と社会危機という別個の二つの危機にではなく、社会的で環境的でもある複雑な危機に直面しており、解決への戦略は、貧困との闘いと排除されている人々の尊厳の回復、と同時に自然保護を一つに統合したアプローチを必要としている」。また自然遺産同様、歴史的・芸術的・文化的遺産も脅威にさらされているので、多様性を持つ民族や文化の権利を尊重し、先住民共同体とその文化的伝統への気遣いが必要だ。また極度の貧困は犯罪組織による搾取を招く恐れがある。貧しい生活環境は人間の尊厳を失わせる。総合的エコロジーは社会倫理の統合である共通善と不可分であり、世代間正義も求められる。

第五章では自滅の悪循環を回避する指針と行動を概観する。ともに暮らす地球の問題を解決するには世界規模の合意が不可欠で、持続可能で多様な農業、再生可能で汚染性の低いエネルギーの開発と効率的な利用などにつながる。この点で、リオデジャネイロで九二年に開催された地球サミットは、「環境と開発に関する宣言」を明らかにしており、特筆すべきだ。しかし生物多様性の保護および砂漠化関連では有意義な進展はなく、温室効果ガスの削減では先進国の勇気と責任が求められた。しかし国連の持続可能な開発会議(「リオ＋20」二〇一二年)は効力の乏しいものだった。地球温暖化の流れを食い止める決定を阻む考えは、貧困撲滅という目標をも阻む。いくつかの再生可能エネルギー源の開発協同組合は豊かな創造性を示しつつある。宗教も科学と対話する時であろう。

最終章では、変わるべきはわれわれ人間だとして、新しいライフスタイルをめざした環境教育にふれる。必要なのはエコロジカルな回心である。最後の「私たちの地球のための祈り」などで、「神は宇宙全体のなかに、そしてその被造物のうちで最も小さいもののなかにおられます。この地球上で見捨てられた人々を救い出すため、世界を貪《むさぼ》るのでなく守るために、汚染や破壊ではなく美の種を蒔《ま》くために……権力や財力を持つ人々を照らしてください。貧しい人々と地球が叫んでいます……」と。

貧しい人々の人権を擁護

回勅『ラウダート・シ』では、地球環境悪化の最大の被害者は貧しい人々だとする貧者の神学的視点が濃厚である。温室ガスを排出する先進国と温暖化の被害を受けやすい途上国の現状を反映したものでもある。つまり環境悪化は人権問題でもある。貧しい人々の人権が侵された場合の教皇の積極的対応を、以下でみることにする。

枢機卿時代の教皇（当時はベルゴリオ）は、ブエノスアイレス教区で夜ホームレスにパンを配り、道路で共に食べながら語りあうことも珍しくなかった。ローマに移ってからは、教皇庁内に貧しい人々への品物の分配を担当する大司教を任命、教皇は同行を望んだが、治安上の問題があったようだ。またローマ市内で暮らす路上生活者のため公立トイレを改修し、シャワーが各所に設置された。

紛争や貧困を逃れて欧州をめざす難民について、フランシスコは欧州全域の各教会や修道院が「難民一家族の受け入れを行うよう」求めてきた。二〇一六年四月、ギリシャのレスボス島を訪れた教皇は、帰路のチャーター便で、内乱から逃れてきたシリア難民三家族一二人をローマに連れ帰った。全員イスラム教徒で、ローマ到着後難民申請を行った。EUとトルコとの合意では、ギリシャへの不法移民・難民はトルコに送還されることになっており、教皇の行為を「挑発的動き」とみる向きもある。フランシスコにとって、国際政治のはざまで生きる難民の人権を守ることは、自身が取り組むべき中心課題の一つなのだ。

翌一七年六月、フランシスコはカトリック教会の記念日として「貧しい人たちの日」を制定（第一回は一七年一一月一九日）。貧しさは「〝貧しいイエスに従う〟という召命であり、自己の限界と罪の状態を認める謙虚な心でもある」「貧困は疎外や暴力、戦争、自由と尊厳の欠如、無学、失業、強制移住……などに苦しむ多くの顔となって私に訴えている」と強調した。

フランシスコは一七年一一月末から六日間、ミャンマーとバングラデシュを訪問した。仏教国ミャンマー（元ビルマ）では英領時代にベンガル地方（現在のバングラデシュ）からイスラム教徒が多数移住。軍政期（一九六二年―）に不法移民とみなされ、二〇一一年の民政移管後も衝突は絶えなかった。近年六〇万人以上のイスラム教徒ロヒンギャの難民がバングラデシュに逃れているが、「ロヒンギャという民族はいない」と反発するミャンマー国内では教皇はロヒンギャに言及しなかった。アウンサン・スーチー国家顧問が国際的批判を受けるなか、教皇はバングラデシュで難民ロヒンギャを励まし、仏教指導者に対話を促し、共存を求めた。しかし北の国境で中国と接するミャンマーにとって、多数のイスラム教徒を擁しつつミャンマーの政策を支持する中国の存在は大きく、バチカンにとっても中国におけるカトリックの司教任命権問題があり、微妙な立場にある。

メキシコ革命後断交状態にあったバチカンとメキシコは、外交関係樹立二五周年を記念して二〇一七年半ば、国際的移民問題に関する懇談会をバチカンで開催した。席上フランシスコは「〝異なる人々や民族は自分たちの安全を脅かすもの〟という先入観を排し、〝彼らの異なる人生経験や別世界の人々の多様な価値観は、自分たちの既成社会により豊かな富をもたらす〟という考え方に変える必要がある。……他者を排除するのではなく、積極的に受け入れる態度が必要」とのメッセージを述べた。米国とメキシコ国境に壁を築いて事実上封鎖するという米国のトランプ大統領への「壁でなく橋を」との呼びかけであり、同時にEU圏内での移民をめぐる軋轢の解消への提言でもある。自身イタリアからアルゼンチンへの移民二世であるフランシスコの実感でもあろう。

平和――核なき世界をめざして

二〇一五年三月二〇日、教皇フランシスコはバチカンを公式訪問した日本の司教団と会見、「原発はバベルの塔に等しい」と警告した。東日本大震災の福島第一原発事故に関連して、「天に届く塔をつくろうとして自ら破滅を招くもの」と原発の開発を批判し、広島・長崎に投下され、その後も数をふやしている核兵器製造を「人類の悪行」と非難した。

一七年一月、新年にあたってバチカン駐在の各国外交団と会見したフランシスコは、核実験を続ける北朝鮮を「地域全体を不安定にさせ、新たな核軍拡競争を懸念させる」と批判し、国際会議の場で「核廃絶に向けた平和と安全のための倫理の確立」を求めていく方針を明らかにする。

ニューヨークの国連本部で同年三月末から行われた「核兵器禁止条約交渉会議」にフランシスコはメッセージを送り、国連の目的は〝平和〟にあり（国連憲章第一条）、核兵器のない世界をめざして決断ある交渉ができるよう参加者を励ました。しかし七月に採択された核兵器禁止条約は、核兵器の開発・所有・使用を全面的に禁じる史上初めての条約であったにもかかわらず、核保有国の米国・ロシアなどに加え、米国の核の傘のもとにある日本・韓国なども反対した。同条約採決を実現させた「核兵器廃絶国際キャンペーン」（ICAN）は一二月にノーベル平和賞を受賞、ICANの活動に協力してきた被爆者のサーロー節子さん（カナダ在住）は授賞式で廃絶を訴え、唯一の被爆国である日本の協力を促している。なおラテンアメリカ諸国は、人間が住む地域では最初の非核（兵器）地帯条約である中南米核兵器禁止条約（トラテロルコ条約、一九六八年）を締結している。

この核兵器禁止条約採決を受けて、同年一一月一〇―一一日、バチカンで「核兵器のない世界と統合的軍縮に向けての展望」をテーマに国際シンポジウムが開催された。シンポジウムには歴代のノーベル平和賞受賞者のほか、NATO関係者、ロシア・米国・イラン・韓国などの外交代表、研究者、宗教関係者、さらに原爆および核実験による被害者を代表し、日本被団協（日本原水爆被害者団体協議会）の和田征子さんが参加してスピーチを行っている。教皇は参加者らと接見して励まし、次のように核廃絶を訴えた。

「核兵器が何らかの誤りで爆発する危険も考慮して、その所有自体、断固として非難すべきだ。こうした大量破壊兵器は偽りの安心感を生むだけであり、人類の平和共存の基礎を築くことはできない……核兵器禁止条約が採決されたことは〝歴史的な出来事〟であり、さまざまな組織の協力と連帯により達成された成果である」と。

なお教皇は被爆直後の長崎で米国の従軍カメラマンが撮影した「焼き場に立つ少年」(原爆で亡くなった弟を背負い、火葬の順番を待つ）の写真をカードに印刷し、教会関係者に配布した。教皇は被爆地広島と長崎のある日本に深い関心を持ち、二〇一九年秋の訪日を予定しているといわれる。

あとがき

今から二十数年前、バチカン図書館を訪れた時にショックを受けたのは、大勢の黒人の尼さんたちが熱心に閲覧している姿だった。国籍はブラジル、カリブの国や米国でも、ルーツはアフリカにある。カトリックはヨーロッパの宗教という意識が頭のどこかにあった私にとって、アフリカとカトリックという組み合わせが珍しく、そして新鮮に感じられた。

改めて、本書執筆のために統計をひもといて、もとは西アジア（パレスチナ）で生まれたキリスト教という宗教が、北の欧州をめぐって南の世界に回帰しつつあるのでは、という予感が生まれた。教皇フランシスコが生まれ育ったアルゼンチンのブエノスアイレスは、南アフリカの南端ケープタウンとほぼ同緯度にある。

中年を過ぎてからラテンアメリカ地域研究を志した私が、クリスチャンではないにもかかわらずカトリック研究を通じて宗教と政治というテーマに魅かれているのは、さまざまな方々に支えられてきたおかげである。

本書では、アルゼンチン政治研究がご専門の松下洋氏（神戸大学名誉教授）に第一章、第二章に目を通して頂いた。感謝申しあげる。また故グスタボ・アンドラーデ先生とデヴィッド・ウェッセルズ先生（ともに上智大学名誉教授）から強い励ましをいただいたことが、本書の執筆を決意する契機となった。

もと平凡社の成田広一氏と保科孝夫氏にはお世話になった。とくにもと新書編集部の保科氏は筆者の都合で途中一年以上執筆を中断した間もお待ちいただき、再開後は適切なアドバイスをくださった。あわせてお礼申しあげたい。

二〇一九年一月三一日

乗　浩子

参考文献

序章

マックス・ヴェーバー（大塚久雄訳）『プロテスタンティズムの倫理と資本主義の精神』岩波書店、二〇〇四年。

サミュエル・P・ハンチントン（坪郷實ほか訳）『第三の波――二〇世紀後半の民主化』三嶺書房、一九九五年。

ホセ・カサノヴァ（津城寛文訳）『近代世界の公共宗教』玉川大学出版会、一九九七年。

岡田純一『現代経済社会とカトリシズム』中央出版社、一九六三年。

第一章

ラス・カサス（染田秀藤訳）『インディアスの破壊についての簡潔な報告』岩波文庫、一九七六年。

チャールス・ギブソン（染田秀藤訳）『イスパノアメリカ――植民地時代』平凡社、一九八一年。

増田義郎・山田睦男編『ラテン・アメリカ史Ⅰ　メキシコ・中央アメリカ・カリブ海』山川出版社、一九九九年。

増田義郎編『ラテン・アメリカ史Ⅱ　南アメリカ』山川出版社、二〇〇〇年。

乗　浩子『宗教と政治変動――ラテンアメリカのカトリック教会を中心に』有信堂高文社、一九九八年。

第二章

渡部奈々『アルゼンチンカトリック教会の変容――国家宗教から公共宗教へ』成文堂、二〇一七年。

杉山知子『国家テロリズムと市民――冷戦期のアルゼンチンの汚い戦争』北樹出版、二〇〇七年。

松下　洋『ペロニズム・権威主義と従属――ラテンアメリカの政治外交研究』有信堂、一九八七年。

ジョージ・ビショップ（緒方隆之訳）『ペドロ・アルペSJ伝　第二八代イエズス会総長――広島の原爆を見た一イエズス会士の生涯』宇品印刷授産場、二〇一二年。

教皇フランシスコ／ラビ・アブラハム・スコルカ（八重樫克彦ほか訳）『天と地の上で――教皇とラビの対話』ミルトス、二〇一四年。

フランチェスカ・アンブロジェッティ、セルヒオ・ルビン（八重樫克彦ほか訳）『教皇フランシスコとの対話――みずからの言葉で語る生活と意見』新教出版社、二〇一四年。

ポール・バレリー（南条俊二訳）『教皇フランシスコの挑戦――闇から光へ』春秋社、二〇一四年。

オースティン・アイヴァリー（宮崎修二訳）『教皇フランシスコ　キリストとともに燃えて――偉大なる改革者の人と思想』明石書店、二〇一六年。

Emilio F. Mignone, *Iglesia y Dictadura*, Ediciones del Pensamiento Nacional, Buenos Aires, 1986.

第三章

K・v・アーレティン（澤田昭夫訳）『カトリシズム――教皇と現代社会』平凡社、一九七三年。

南山大学監修『第2バチカン公会議公文書全集』中央出版社、一九八六年。

松本佐保『バチカン近現代史――ローマ教皇たちの「近代」との格闘』中公新書、二〇一三年。

犬養道子『和解への人――教皇ヨハネ二十三世小伝』岩波書店、一九九〇年。

今野　元『教皇ベネディクトゥス一六世――「キリスト教的ヨーロッパ」の逆襲』東京大学出版会、二〇一五年。

Eric O. Hanson, *The Catholic Church in World Politics*, Princeton University Press, 1987.

――, *Religion and Politics in the International System Today*, Cambridge University Press, 2006.

第四章

森安達也『東方キリスト教の世界』山川出版社、一九九一年。

落合雄彦編著『スピリチュアル・アフリカ――多様な宗教的実践の世界』晃洋書房、二〇〇九年。

深澤秀男『中国の近代化とキリスト教』新教出版社、二〇〇〇年。

寺田勇文編『東南アジアのキリスト教』めこん、二〇〇二年。

第五章

ジョン・W・デ・グルーチー（松谷好明ほか訳）『キリスト教と民主主義』新教出版社、二〇一〇年。

ダグラス・ジョンストンほか編著（橋本光平ほか監訳）『宗教と国家――国際政治の盲点』PHP研究所、一九九七年。

プリシラ・B・ヘイナー（阿部利洋訳）『語り得ぬ真実――真実委員会の挑戦』平凡社、二〇〇六年。

グスタボ・グティエレス（関望ほか訳）『解放の神学』岩波書店、一九八五年。

レオナルド・ボフ（石井健吾ほか訳）『教会、カリスマと権力』エンデルレ書房、一九八七年。

フィリップ・ベリマン（後藤政子訳）『解放の神学とラテンアメリカ』同文館、一九八九年。

Jeffrey Klaiber, S. J., *The Church, Dictatorships, and Democracy in Latin America*, Orbis Books, 1998.

Arquidiocese de São Paulo, *Brasil, Nunca Mais*, Petrópolis, Vozes, 1985.

吉田秀穂『チリの民主化問題』アジア経済研究所、一九九七年。

ジョン・ソブリノ（山田経三監訳）『エルサルバドルの殉教者』柘植書房、一九九二年。

歴史的記憶の回復プロジェクト編（飯島みどり・狐崎知己ほか訳）『グアテマラ　虐殺の記憶――真実と和解を求めて』岩波書店、二〇〇一年。

エリザベス・ブルゴス（高橋早代訳）『私の名はリゴベルタ・メンチュウ――マヤ＝キチェ族インディオ女性の記録』新潮社、一九八七年。

立石博高編『スペイン・ポルトガル史』山川出版社、二〇〇〇年。

池端雪補『フィリピン革命とカトリシズム』勁草書房、一九八七年。

池明観『韓国民主化への道』岩波新書、一九九五年。

永原陽子「もう一つの「過去の克服」――南アフリカにおける真実と和解」『歴史学研究』七〇七号、一九九八年。

伊東孝之『ポーランド現代史』山川出版社、一九八八年。

レフ・ワレサ（筑紫哲也ほか訳）『ワレサ自伝――希望への道』社会思想社、一九八八年。

第六章

落合雄彦「ペンテコステ・カリスマ運動とアフリカのネオ・パトリモニアル国家」『国際政治』一二一号、一九九九年。

山田政信「カリスマ刷新運動――プロテスタントの伸展に抗うブラジル・カトリック教会」『ラテンアメリカ・カリブ研究』一五号、二〇〇八年。

乗　浩子「第三教会の台頭――ブラジルのペンテコステ派の場合」『帝京経済学研究』五五号、二〇〇五年。

第七章

教皇フランシスコ（吉池好高訳）『愛のよろこび――使徒的勧告』カトリック中央協議会、二〇一七年。
マシャド・ダニエル『ブラジルの同性婚法――判例による法生成と家族の転換』信山社、二〇一八年。
ジョン・ワインガーズ（伊従直子訳）『女性はなぜ司祭になれないのか――カトリック教会における女性の人権』明石書店、二〇〇五年。
『福音と社会』カトリック社会問題研究所。
Mensaje (Jesuit Periodicals), Santiago de Chile.
America (A Catholic review of the week), New York.
Catholic Almanac, Our Sunday Visitor, New York.
『日本カトリック司教協議会イヤーブック』カトリック中央協議会。

終章

教皇フランシスコ（瀬本正之・吉川まみ訳）『回勅 ラウダート・シ――ともに暮らす家を大切に』カトリック中央協議会、二〇一六年。

Leonardo Boff, *Ecology & Liberation: A New Paradigm*, Orbis Books, 1995.

「バチカン・ニュース」https://www.vaticannews.va/ja/vatican-city/news

＊　＊

井上順孝ほか編『世界宗教百科事典』丸善出版、二〇一二年。

大貫隆ほか編『岩波キリスト教辞典』岩波書店、二〇〇二年。

山折哲雄監修『宗教の事典』朝倉書店、二〇一二年。

日本基督教協議会文書事業部『キリスト教大事典』教文館、二〇〇〇年。

上智学院新カトリック大事典編纂委員会編『新カトリック大事典』Ⅰ―Ⅳ、研究社、一九九六―二〇一〇年。

D・B・バレット（竹中正夫訳）『世界キリスト教百科事典』、教文館、一九八六年。

David B. Barrett et al, *World Christian Encyclopedia: a Comparative Survey of Churches and Religions in the Modern World*, Second Edition, vol.1, 2, Oxford University Press, 2001.

マ行

『マーテル・エト・マジストラ』 133, 138
マリタン、ジャック 24, 80
マンデラ、ネルソン 209, 211
ミシュトン戦争 36
南アジア 16, 162, 164–65
南アフリカ 17, 153, 155–56, 209–11, 220
ミニョーネ、エミリオ 98, 100, 104
民衆神学 89, 183, 208
民主化 9, 13, 17–22, 27, 57–58, 153, 157, 175–76, 178–79, 182–83, 185–86, 189, 192, 194, 199, 201–04, 206–08, 211, 214–15, 218, 221, 241, 257, 261
ムスリム(イスラム教徒) 15–16, 32, 115, 123, 146, 150–51, 154, 156–58, 160–63, 165–66, 168, 224, 228, 253–54, 261, 271–72
ムヒカ、カルロス 70, 86–87, 104, 107–08
メキシコ革命 49–50, 128, 272
メデジン会議(CELAM II) 55, 82, 84, 89, 97, 112, 139, 180–81, 184–85
メンチュウ、リゴベルタ 197–98

ヤ行

ヤリクス、フランツ 96–97, 104, 107, 113
ユダヤ教(人、教徒) 15–16, 32, 38, 40–42, 73, 83, 92, 115–16, 123, 129–30, 136, 146, 151, 162, 175, 191, 210, 226–28, 251, 254
ヨハネ二三世(教皇) 19, 54, 84, 132–34, 137, 141, 180, 258, 266
ヨハネ・パウロ二世(教皇) 14, 98, 102, 104–06, 111, 113, 119, 140–43, 145–46, 183, 195, 208, 213, 223, 241, 249–50, 253, 257, 261
ヨリオ、オランド 96–97, 104, 107, 113

ラ行

『ラウダート・シ』 114, 266, 270
ラス・カサス 34, 180, 255
ラツインガー教書 114, 145
ラテンアメリカ司教協議会(CELAM) 53, 57, 131, 139, 250
離婚法 48, 50–51, 74, 110, 203
リサール、ホセ 204
リッチ、マテオ 171
ルター、マルティン 250
ルハンの聖母 66
冷戦(体制) 9, 13, 15–16, 19, 56–58, 82, 108, 119, 130, 132, 137, 140–41, 143, 145, 180, 182, 189, 193, 205, 211, 215, 221, 225, 257, 263
レーガン、ドナルド 14, 143, 184, 193, 195–96, 206–07
レコンキスタ(再征服) 32–33
『レールム・ノヴァルム』 48, 126, 128, 133, 138
ロカ・ランシマン通商協定 64
ロシア(革命) 43, 116, 127–29, 137, 145, 151, 164, 211, 231, 249, 258, 273–74
ロヒンギャ 271–72
ロメロ、オスカール・A 56, 196

ワ行

ワレサ、レフ 142, 213–15

205, 222, 248, 254, 266
『パーチェム・イン・テリス』 134, 266
バチカン銀行 116, 118, 233-34, 236
伴天連追放令 173
バルトロメオス一世 266
パレスチナ 16, 73, 123, 129, 137, 145, 153, 157, 162, 164-65, 226, 251-52, 254
パンチャシラ 169
東アジア 163-64
東インド会社 167, 169, 171, 209
東ティモール 170, 200
ピノチェト、アウグスト 102, 190-92
ヒンドゥー 16, 162-63, 165, 168-69
フィリピン 17, 152-53, 163, 183, 204-06, 208, 232, 246, 267
プエブラ会議(CELAM Ⅲ) 14, 56, 82, 94, 112, 142, 181, 196
フォークカトリシズム 36
福音派 21, 58, 115, 198, 218-19, 223-28, 244, 251
普遍主義 22, 35
『フマーネ・ヴィテ』 139
ブラジル 21, 31, 33, 36, 38, 40-41, 43, 46-47, 50-51, 53, 56-57, 78, 82, 84, 94, 99, 104, 112-14, 125, 129, 131, 152, 154, 165, 179, 182-83, 185-89, 220-23, 227, 232, 238-39, 244, 246, 267
フランコ、フランシスコ 116, 201-03
フランシスコ(アッシジの聖―) 77, 118, 120, 266
フランス革命 18, 45-46, 124-26
フリーメーソン 46
フレイ、エドアルド 52, 190
プロテスタント(プロテスタンティズム) 12-13, 15, 18, 21-23, 30, 33, 35, 38, 54, 58, 78, 83, 109, 111, 115-16, 124, 130-31, 135-37, 145-46, 151-52, 158-59, 167-69, 171-75, 186, 191, 198, 204, 206-08, 215, 218-22, 224-28, 238-39, 244, 247-48, 250-51, 256, 260-61, 263
文明の衝突 9, 20, 253
米国 13-14, 17, 19, 21, 31-32, 56, 58, 92, 97, 108, 130-31, 133, 139, 143, 152, 179, 183-84, 193-98, 201, 204-07, 209, 214, 218-20, 222, 226-27, 231-32, 237, 240, 244, 249, 251-52, 254-60, 267, 272-75
ベトナム戦争 139-40
ベネディクト一六世(教皇) 113-19, 144-46, 183, 233, 235, 241-42
ヘラルディ、ファン 197, 199
ペロン、F・ドミンゴ 51, 68, 72-74, 85-88, 101, 110
ペンテコステ(派) 58, 115, 143, 155, 186-87, 191, 218-20, 222-28
ポピュリズム(人民主義) 49, 52-53
ボフ、レオナルド 114, 145, 182-83, 189, 239, 267
『ポプロールム・プログレシオ』 84, 137-38, 180
ホメイニ、アヤトラ 13
ポーランド 9, 14-15, 17, 19, 21, 27, 130, 141-43, 152, 211-12, 214-15, 256-57, 261
ボリーバル、シモン 40
ポルトガル 17, 19, 32-33, 38, 40-43, 46-47, 50, 124-25, 152, 158, 170, 199-201, 203
ボルヘス、ホルヘ・ルイス 62, 82-83
ポンバル侯 42

新国家(エスタード・ノヴォ)　50-51, 200
スペイン　17, 19-21, 31-34, 36, 38, 41, 43-47, 62-65, 74, 77-79, 81, 83, 85, 88, 102, 107, 116, 124-25, 129, 143, 163, 173, 180, 201-04, 255, 260
スマラガ、ホアン・デ　35-36
スラム司祭　107-08
「正義と平和委員会」　138, 188
政教条約(コンコルダート)　46, 48, 125, 129-30
聖公会(英国国教会)　135, 146, 160, 167, 210-11, 236, 239
聖職者の性犯罪　235-38
潜伏キリシタン　174, 232

タ行

「第三世界のための司祭運動」(MSTM)　84, 86-88, 92, 96, 104
第二バチカン公会議(バチカンII)　19, 53-54, 77, 81-82, 84, 87, 89, 94, 105, 112, 119, 132-34, 136-37, 139-40, 142-46, 153, 156, 175, 180, 202, 205, 222, 231, 238-39, 241, 243, 248, 250, 252, 254, 256, 267
タキ・オンコイ　36
ダリット神学　168
地下教会(家庭教会)　261-63
地球環境　10, 264, 266, 270
中国　143, 163-64, 166, 170-72, 182, 206, 231, 252, 255, 258, 260-63, 272
中米紛争　57, 193-94, 221
チリ　46, 51-52, 55-56, 76, 80, 82, 92, 94-95, 102, 104, 152, 179, 186, 190-91, 211, 221, 227, 231-32, 237
ツツ、デズモント　211
ディエゴ、フアン　36
天主教　177, 206, 261
東欧　9, 13, 15, 19-20, 54, 116, 128, 130-31, 137, 142, 199, 214-15, 248-49, 256
東方正教会　15, 116, 123, 136, 151-52, 156, 231, 247-50, 252
東方政策　128, 132, 139-40, 142
独立　18, 31-32, 39, 43-47, 56-57, 62-63, 65-66, 75, 77, 80, 110, 122, 125, 137, 150, 155, 157, 159-60, 165, 168-70, 200-01, 204-05, 209, 211-12, 214, 218, 228, 248-49, 254, 260
独立教会　153, 155-56, 158-59, 205, 210
トマス・アクィナス　22, 24, 126, 239, 266
トランプ、ドナルド　227, 252, 254, 260, 272
トリエント公会議　35, 38, 124, 146
トルデシーリャス条約　33, 124
奴隷(解放)　31, 33-34, 39-41, 45, 47, 56, 127, 150, 154-55, 158, 160, 175

ナ行

ナイジェリア　114, 155-56, 160-61
南北問題　54, 133, 137-38
ニカラグア　14, 56, 142, 179, 183-84, 193-95, 221, 232
西アジア　16, 123, 153, 162, 164
『二度と再び』　93
日本　16, 31-32, 40, 60-61, 73, 75, 78, 81, 130, 143, 164, 166, 169-70, 172-75, 195, 205-06, 208, 220, 232, 235, 239, 244-46, 253, 273-75
ノビリ、ロベルト・デ　167
ノブレガ、マヌエル・ダ　40-41

ハ行

パウロ六世(教皇)　54, 84, 88, 90, 111, 134, 137, 139-41, 180, 188,

カトリック・アクション　51, 53, 61, 67, 74, 86, 127
カトリック・カリスマ派(―刷新、CCR)　221-23
カマラ、エルデル　84, 187
カルデナス、ラサロ　50
カルデナル、エルネスト　194-95
韓国　17, 152-53, 163, 183, 206-08, 219, 231, 274
カンドンブレ　31, 57, 154, 220
汚い戦争　56, 91-95, 98, 103-04, 193
金大中(キム・デジュン)　206-08
金泳三(キム・ヨンサム)　206-07
キューバ　33-34, 54-58, 76, 82, 85, 87, 111, 133-34, 139, 152, 179, 193-94, 204, 226, 248, 255-60, 266
教化村(―集落、レドゥクシオン、ミシオン)　35, 39, 41, 43, 65, 79
共産主義　19, 58, 68, 94, 126, 128-32, 134, 179, 187, 193, 209, 249, 255, 259, 261, 263
共通善　24-25, 94, 179, 269
共同体主義　25
『教会と人権』　138
キリスト教基礎共同体(CEB)　97, 181, 185, 187, 194-96, 226
キリスト教民主党(PDC)　52, 190-92, 196
キンバング、シモン　155, 158-59
グアダルーペの聖母　36, 45, 183
グアテマラ　190, 193-94, 197-99, 227
『クアドラゼジモ・アンノ』　26, 128
クアラシーノ、アントニオ　101, 106, 108, 111
グアルディーニ、ロマーノ　105-06, 266
グティエレス、グスタボ　52, 181
クリステーロ戦争　50
公共宗教　20-21, 215, 228
「五月広場の母親たち」　69, 93, 95, 102
『誤謬表』　126
コプト教　153, 156
コーポラティズム　25-26, 50, 128-29, 199
婚姻民事化　47
コンゴ(旧ザイール)　155-56, 158-59, 231

サ行

ザビエル、フランシスコ　40, 68, 75, 78, 166, 168, 170, 173
サラザール、オリヴェイラ　50, 199-200
三自原則　172, 260
サンディニスタ革命(政権)　14, 56, 142, 183, 194, 221
識字運動　14
自主管理労組連帯　14, 27, 142, 212-15
失踪者(デサパレシドス)　92-93
社会主義　14-15, 20, 23, 25, 27, 51, 53-56, 64, 84, 126-27, 129, 141-42, 179, 183, 190, 194-95, 212, 214, 221, 225, 255-57, 261
社会調査活動センター(CIAS)　90, 104-05
シャリーア(イスラム法)　157, 161
シャルダン、テイヤール・ド　77, 80, 266
叙任権闘争　123
シン、ハイメ　205
神学の解放　182
シンクレティズム　31
人権　10, 19, 21, 56, 58, 90, 92-95, 97-104, 138, 140, 179, 182, 184-86, 189-93, 196, 208, 221, 227, 238, 247, 263-64, 266, 270-71

索引

ア行

『愛のよろこび』 241-42
アキノ、コラソン 205-06
アズハル 253
アジェンデ、サルバドール 55, 92, 190
アメリカ合衆国 →米国
アラドゥラ教会 155, 160
アリンゼ、フランシス 114
アルペ、ペドロ 81, 87-88, 105
アルゼンチン 9, 30, 46-47, 51, 56, 60-67, 74, 76-87, 89-97, 100, 102-03, 105-11, 114-16, 127, 179, 186, 211, 215, 228, 232, 246, 251, 255, 267, 272
アルゼンチン反共同盟(AAA) 86, 89, 92
アルフォンシン、ラウル 93, 101, 110
アルンス、エヴァリスト 188-89
アンデス地域 31, 65, 108
アンヘレジ、エンリケ 8, 92, 94
イエズス会 30, 38-44, 52, 54, 64-65, 70, 75-91, 96-99, 103-08, 113, 119, 166-67, 169-71, 194, 197, 257, 259, 263
イグナティウス・デ・ロヨラ 38, 77, 107
イスラエル 16, 73-74, 116, 162, 164, 226-28, 251-52, 254
イスラム 9, 13-14, 20, 32, 83, 115-16, 136, 146, 153-58, 160-66, 169, 175-76, 204, 220, 227, 251-54, 263, 266
イダルゴ、ミゲル 44-46
異端審問所 38, 42, 44-45, 113
インテグラリスタ(党) 50-51, 94
インド 40, 78, 137, 163-68, 173, 183, 209, 231
インドネシア 163-64, 168-70, 200
ヴィエイラ、アントニオ 41-42
ウエストファリア条約 124, 250
内村鑑三 174
ウンバンダ 57, 187
エキュメニズム 135, 140, 145, 152, 220, 247-48, 250-51
エジプト 120, 152-53, 156-58, 253
エスキベル、ペレス 95, 98
エルサルバドル 56, 100, 104, 193, 196-97
LGBT 244-46
エンコミエンダ制 33-34
エンリケス、シルバ 190
オプス・デイ 114, 116, 143, 202
オルテガ、ハイメ 258

カ行

回勅 24, 26-27, 48, 81, 84, 114, 126-29, 133-34, 137-39, 180, 201, 266-67, 270
カイロス文書 210
カストロ、フィデル 54, 76, 111, 179, 255, 257
カストロ、ラウル 257-59
解放の神学 14, 53-56, 58, 71, 80-82, 84, 87, 89-90, 95, 97, 104-05, 114, 117, 119-20, 139, 143, 145, 178, 180-84, 186, 188, 190, 193-94, 198, 218, 221, 223, 226, 228, 239

【著者】
乗 浩子（よつのや ひろこ）
中国・大連市生まれ。東京女子大学文学部史学科卒業。上智大学大学院外国語学研究科国際関係論専攻博士後期課程修了。元帝京大学教授。専攻、ラテンアメリカ近現代史、国際関係史。著書に、『宗教と政治変動――ラテンアメリカのカトリック教会を中心に』（有信堂高文社）、共編著に『ラテンアメリカ 政治と社会』『ラテンアメリカ 都市と社会』、『ラテンアメリカ 社会と女性』（以上、新評論）がある。

平凡社新書907

教皇フランシスコ
南の世界から

発行日――2019年3月15日 初版第1刷

著者――乗 浩子
発行者――下中美都
発行所――株式会社平凡社
東京都千代田区神田神保町3-29 〒101-0051
電話 東京（03）3230-6580［編集］
東京（03）3230-6573［営業］
振替 00180-0-29639
印刷・製本―図書印刷株式会社
装幀――菊地信義

ISBN978-4-582-85907-2
NDC 分類番号198.25 新書判（17.2cm） 総ページ288
平凡社ホームページ http://www.heibonsha.co.jp/